ORLLIE-ANTOINE I.ᵉʳ

Pendant sa Captivité

ORLLIE-ANTOINE IER

ROI D'ARAUCANIE ET DE PATAGONIE

SON AVÉNEMENT AU TRÔNE

ET

SA CAPTIVITÉ AU CHILI

Relation écrite par lui-même.

———◦———

On peut se procurer le présent ouvrage, par la poste, moyennant 3 fr. 80 c. pour les départements, en un mandat sur la poste ou sur un banquier, ou en timbres-poste ; pour l'étranger, les frais de poste seront gradués suivant les tarifs des traités.

S'adresser à l'auteur (M. de Tounens), à Paris, place de la Bourse, hôtel de Tours. — *Affranchir*.

Écrire son nom et son adresse très-lisiblement, afin qu'il n'y ait pas d'erreur dans les envois.

———◦———

PARIS

LIBRAIRIE DE THEVELIN

PASSAGE JOUFFROY, 52, AU BAS DES MARCHES

—

1863

ORLLIE-ANTOINE Iᴱᴿ

ROI D'ARAUCANIE ET DE PATAGONIE

SON AVÉNEMENT AU TRONE

ET

SA CAPTIVITÉ AU CHILI

RELATION ÉCRITE PAR LUI-MÊME.

PARIS

LIBRAIRIE DE THEVELIN

PASSAGE JOUFFROY, 52, AU BAS DES MARCHES

1863

L'auteur place son livre sous la protection de la loi et des traités internationaux, dont il invoquera l'autorité contre toute reproduction ou traduction non autorisée.

AVANT-PROPOS

En attendant la publication de mes Mémoires, que je prépare en ce moment, je crois devoir donner, dès aujourd'hui, un exposé rapide des principales circonstances qui ont précédé et suivi mon avénement au trône d'Araucanie et de Patagonie.

Pour éclairer la religion du public, au jugement de qui je fais appel, je mettrai sous ses yeux quantité de pièces officielles émanées de moi ou dirigées contre moi.

On me reprochera peut-être de ne pas avoir fondé plutôt une république qu'une royauté, dans un pays entouré de républiques. Je réponds d'avance que cette forme de gouvernement eût été repoussée par les Araucaniens, qui ont gardé bon souvenir de la royaliste Espagne, scrupuleuse observatrice des traités conclus avec leurs pères, et pour qui le mot de république, par le fait du Chili, est devenu synonyme de déloyauté.

Comme loi fondamentale du gouvernement que j'ai inauguré, la constitution décrétée le 17 novembre 1860 a une raison d'être incontestable : les peuples qui m'ont acclamé ont une aptitude toute naturelle pour le régime qu'elle institue. Leurs assemblées, pour être tenues en plein air et à cheval, sont-elles moins des assemblées?—Du reste, cette constitution n'était exécutoire qu'après un laps de temps assez long, et je comptais appeler auprès de moi des compatriotes aussi recommandables par leur moralité que par leurs lumières, qui m'auraient aidé à accomplir l'œuvre de civilisation que j'avais entreprise.

CHAPITRE PREMIER

Précis historique sur l'Araucanie. — Division géographique. — Les Araucaniens. — Les Huilliches. — Les Moulouches. — Les Peguenches ou Patagons.
— Mœurs, usages, losi.

Les Araucaniens, on le sait, sont un peuple valeu-
reux et jaloux de son indépendance, que le Chili
a vainement essayé de dompter.

C'est tout ce que l'on en sait.

Disons donc d'abord un mot de l'Araucanie, que
l'on ne connaît pas, puisqu'on la connaît mal, grâce
aux inexactitudes des voyageurs et des géographes.

L'Araucanie coupe le Chili en deux.

Elle est bornée au nord et au sud-ouest par cette
république, à l'ouest par l'océan Pacifique, à l'est et
au sud-est par la Patagonie.

1

Son climat, comme le climat de la Patagonie, est plus uniformément tempéré que celui de France : l'été, qui y dure près de huit mois, ressemble à la plus agréable de nos saisons, quand elle est belle, l'automne. On n'y entend parler ni d'épidémies, ni de fièvres. Le sol, arrosé par de nombreux cours d'eau, y est plus fertile qu'en France. Nulle part on ne peut trouver de vallées plus riches en pâturages et de coteaux couverts de plus belles forêts. Les montagnes renferment des minéraux de toute sorte. En revanche, il arrive qu'on voyage tout un jour sans heurter une seule pierre ou un seul caillou.

L'Araucanie est divisée en quatre provinces.

La première comprend les Araucaniens proprement dits, sur les bords de l'océan Pacifique ;

La seconde, les Huilliches, au sud-est des Araucaniens ;

La troisième, les Moulouches, au nord des Huilliches, et à l'est des Araucaniens ;

La quatrième, les Peguenches, à l'est des Moulouches, lesquels ne sont autres que les Patagons.

Ces provinces sont entièrement indépendantes les unes des autres ; elles se subdivisent en tribus également indépendantes les unes des autres.

Chaque tribu est administrée par un cacique supérieur, qui a sous ses ordres plusieurs caciques subalternes échelonnés dans les villages, et auxquels il transmet sa volonté par l'intermédiaire de ses *mocetons*, courriers que l'on ne charge que de dépêches verbales (1).

Lorsque la guerre est imminente ou déclarée, les Araucaniens se réunissent pour nommer un chef qui prend le titre de *toqui*, et auquel est conféré le pouvoir d'appeler sous les armes tous les hommes valides, sans acception d'âge, et de les conduire contre l'ennemi.

L'armée ne se compose que de cavalerie.

Les soldats s'habillent et s'entretiennent à leurs frais, car il n'y a pas d'impôts en Araucanie. Chacun d'eux, pour l'entrée en campagne, doit être muni de provisions pour cinq ou six jours, lesquelles consistent en farine de blé grillé enfermée dans un sac, et en un mouton, ou moitié de mouton, ou une portion de bœuf, le tout fixé au cheval par une courroie. Il

(1) Chaque cacique dispose d'une douzaine de mocetons; la première condition pour ténir cet emploi, c'est de jouir d'une excellente mémoire. — La mission de confiance, que remplit le moceton, lui communique un caractère sacré qui impose le respect; il lui est interdit d'assister à des festins, ce caractère pouvant y être méconnu.

doit être aussi pourvu d'une corne de bœuf, qui lui sert à se désaltérer dans les rivières qu'il rencontre.

Les armes sont une lance de cinq mètres de long, en bois très-dur et très-flexible, terminée par une pique très-pointue et aiguisée; des couteaux, des poignards et des sabres, achetés aux marchands chiliens, ou pris sur les soldats chiliens.

Les hostilités ne commencent qu'après de longues délibérations générales.

Ces préliminaires achevés, les Araucaniens vont à la rencontre des Chiliens, leurs seuls ennemis, non pour leur offrir une bataille rangée, mais pour les surprendre.

Lorsqu'ils croient le moment propice, ils se divisent par escadrons : celui qui est en tête se met en garde, c'est-à-dire que chaque soldat se dresse sur le pied droit en ramenant la jambe gauche sur la selle et en appuyant le bras gauche sur le cou du cheval, et que, de la main droite serrée contre l'aisselle, il tient en avant sa lance démesurée; après quoi, ce premier corps se précipite sur l'ennemi, qu'il s'agit de traverser ou de mourir, car l'Araucanien ne recule pas.

Les Chiliens font feu, quelques hommes tombent, mais les autres passent; et avant que les fusils aient pu être rechargés, les escadrons suivants se ruent à travers les rangs plus ou moins reformés. Jamais de lutte corps à corps : ce sont des trombes vivantes renversant et détruisant tout sur leur chemin ; on n'a pas de peine à comprendre la terreur que de pareils adversaires inspirent aux soldats chiliens.

Dans ce pays, le costume est d'une simplicité primitive : pour les hommes, il se compose de deux pièces d'étoffe carrées, dont l'une est destinée à couvrir la partie inférieure du corps depuis la ceinture, autour de laquelle elle est attachée par des lanières de cuir ou des lianes ; et l'autre, trouée par le milieu pour donner issue à la tête, tombe sur le buste comme une sorte de mantelet.

Le costume des femmes est à peu près le même ; seulement, elles ont les bras à découvert, afin de ne pas être gênées dans leurs travaux, et leur taille est entourée d'une large ceinture de cuir, que ferment des boucles d'argent. Ce sont elles qui font leurs propres vêtements et ceux des hommes.

Les maisons, faites moitié de bois et moitié de paille, affectent une forme ronde ou légèrement ovale. Au sommet sont pratiqués deux trous par où s'échappe la fumée. La porte ne se ferme pas plus la nuit que le jour. Devant chaque maison, s'élève une manière de hangar, formé de quatre pieux que surmonte un lit de branchage. Une quinzaine de maisons réunies constituent un village.

L'agriculture ne diffère pas de celle d'Europe; seulement, chaque famille ne sème et ne plante qu'en proportion de ses besoins. Quelquefois il arrive qu'elle se trompe dans ses calculs, et elle se trouve réduite à la viande et aux plantes marines.

La vigne s'acclimaterait très-bien en Araucanie, comme au Chili, où elle a parfaitement réussi, mais où, en général, l'on ne fait guère, par ignorance, que de méchants vins, sauf le *mosto* de Concepcion, qui, lui, est très-renommé. On se contente de boissons fermentées, préparées par les femmes avec de l'orge, du maïs, du blé et des pommes; quant à la nourriture, elle consiste habituellement en viande bouillie, saupoudrée de farine de blé grillé.

Les Araucaniens sont industrieux; ils travaillent l'argent avec une certaine adresse : ils en font des boucles d'oreilles et autres ornements pour leurs femmes, et, pour leur usage, des éperons, des étriers et des mors. Ce sont eux qui fabriquent leurs selles et leurs lances.

Je ne parle que pour mémoire de leurs plats et de leurs cuillers de bois, aussi bien que de leur poterie qu'ils font sécher au soleil, et de leurs couvertures de laine qui sont l'ouvrage des femmes.

Ils n'ont de relations commerciales qu'avec le Chili; en échange des liqueurs, des mouchoirs, des couteaux, des haches, des pots de fonte, des verroteries, etc., que leur apportent les marchands chiliens, ils donnent des bestiaux dont le pays abonde, des cuirs, des suifs et des laines (1).

Ils n'ont point de monnaie courante, et n'acceptent d'ordinaire celle de leurs voisins que pour la convertir en bijoux.

L'Araucanien est une sorte de centaure. Il est toujours à cheval. Les juges même exercent leurs fonctions à cheval : ils tiennent leurs audiences au grand air, dans une plaine; les plaideurs exposent leur cause ; les avocats présentent leur défense, et le verdict est aussitôt prononcé. Après quoi, avocats et juges reçoivent chacun, pour leurs honoraires, un mouton ou un bœuf, ou un cheval, suivant l'importance de la cause.

Lorsque j'étais sur les bords du Cauten, j'eus l'oc-

(1) On pourrait exporter d'Araucanie des millions de quintaux de laine, an prix moyen de 1 franc à 1 fr. 10 cent. le kilogramme.

casion de suivre un procès que je vais citer comme caractéristique.

Un bœuf avait été volé. Selon le propriétaire, un témoin(1) désignait comme le voleur tel individu, déclarant qu'il l'avait vu saigner l'animal, et sa femme recevoir le sang dans un vase, et qu'il avait entendu le voleur, dévorant un morceau du bœuf, vanter l'excellence de sa chair, laquelle prouvait qu'il n'avait pas porté le joug.

Ce témoignage circonstancié ne suffisait pas pour déterminer une condamnation; il fallait encore que le propriétaire lésé indiquât ce qu'était devenue la peau de son bœuf, découpée en lanières ou conservée intacte. Il lui fut impossible de donner un renseignement certain à ce sujet, car, quelques jours après, j'appris qu'il avait perdu son procès.

Lorsqu'un cheval a été volé et que le délit est établi, le voleur est condamné à ramener devant la maison du plaignant le même cheval flanqué de deux

(1) Les témoins ne comparaissent jamais; ils restent dans l'ombre, et pour cause : la partie adverse, si elle les connaissait, leur ôterait le moyen de témoigner une autre fois. Les plaideurs payent les témoins. — Le propriétaire du bœuf, dont il est question, me dit qu'il avait payé 50 francs pour savoir comment était mort son bœuf, et qu'il aurait encore autant à donner pour savoir ce qu'on avait fait de son cuir.

chevaux, l'un à droite et l'autre à gauche, à titre de dommages et intérêts.

L'Araucanien qui veut se marier fait part de son projet à ses amis, et convient avec eux d'un jour et d'une heure pour l'enlèvement de la jeune fille qui a fixé son choix. Ils s'arment de couteaux, de poignards et de sabres, comme pour une expédition, et, arrivés au lieu désigné, mettent pied à terre et se précipitent dans la demeure de la future. Là, ils ont à soutenir une lutte contre les matrones de l'entourage, qui, tout en poussant des cris, les arrosent d'eau froide ou même d'eau bouillante, leur jettent tout ce qui leur tombe sous la main, jusqu'à des tisons enflammés.

Leur droit de résistance cesse quand la jeune fille a été entraînée hors de la maison. Celle-ci est alors saisie aux hanches, mais non aux aisselles; car, dans ce cas, le mariage serait entaché de nullité. Elle est ensuite hissée à califourchon derrière son futur, auquel on l'attache avec des courroies; puis toute la bande part à fond de train et disparaît dans les forêts, où elle se livre à des festins qu'anime la joie la plus bruyante.

Un mois après, s'il est content de sa femme, le nouveau marié l'envoie chez ses parents avec la dot, qu'il est tenu de donner proportionnellement à sa fortune, et qui consiste en chevaux, bœufs, moutons, meubles, étriers, éperons, etc. La dot agréée, tous les amis de la famille sont invités à un repas de noces qui dure tant que les provisions de vin, d'eau-de-vie ou de boissons fermentées ne sont pas épuisées.

Le moment de la séparation arrivé, le père de la jeune fille et ses amis lui adressent une allocution qui roule invariablement sur ce thème : elle appartient définitivement à son mari; elle doit lui obéir, lui être fidèle sous peine de mort, lui préparer ses aliments et l'entourer de ses soins.

L'Araucanien qui enlève une jeune fille d'une fortune supérieure à la sienne s'expose, ainsi que ses auxiliaires, à une poursuite acharnée. Aussitôt qu'il a franchi le seuil, le père et ses amis leur courent sus et une mêlée affreuse s'ensuit.

Mais de pareilles scènes sont rares, car celui qui se décide à braver de semblables dangers pour son propre compte ne trouve pas aisément des gens assez dévoués pour les partager.

L'homme qui, au bout d'un certain temps, sous prétexte qu'elle ne lui convient pas, renvoie chez elle la jeune fille qu'il a enlevée, est obligé de compter aux parents la dot qu'il leur eût versée s'il l'eût gardée.

La polygamie est permise. On peut prendre autant de femmes que l'on peut fournir de dots. Mais ce n'est pas tout : à la mort de chacune d'elles, il faut payer une somme déterminée non-seulement au père, mais encore à chacun des parents.

Un mari fait une perte réelle en perdant sa femme.

L'épouse surprise en flagrant délit d'adultère encourt la mort, ainsi que son complice. Mais, si le mari outragé a droit de les tuer, il doit s'acquitter des droits de succession envers les héritiers de sa femme, comme si elle était morte naturellement.

La jeune fille vit en toute liberté ; quelle que soit sa conduite, personne ne la réprimande. Mais elle ne s'écarte pas impunément de la bonne voie : la moindre faute l'empêche de trouver un mari.

La religion des Araucaniens consiste à admettre les deux principes du bien et du mal. Ils ont foi dans une autre vie, et croient que ceux qui meurent vont habiter une île située au delà des mers.

On ne remarque chez eux aucune trace de culte extérieur, si ce n'est quelques pratiques du genre de nos rogations : en temps de sécheresse excessive, ils gravissent la montagne la plus élevée de la tribu, plantent une croix au sommet, répandent au pied de cette croix des grains de l'espèce de ceux qui souffrent de la disette d'eau, et, après avoir égorgé des moutons au-dessus d'une écorce d'arbre étendue à terre, ils en font couler le sang sur les grains, en priant l'Être qui préside au bien de faire tomber la même quantité d'eau sur les récoltes qui pâtissent.

Le symbole du christianisme leur a été apporté par les Espagnols, à l'époque où Pedro Valdivia fonda, en Araucanie, sept villes qui ne tardèrent pas à être détruites; ils ignorent ce qu'il signifie, mais ils lui prêtent une vertu infinie : ils plantent des croix partout, voire même dans le champ qu'ils ensemencent (1).

Lorsqu'un Araucanien meurt, on ne procède à son enterrement dans le cimetière du village qu'après avoir préparé les boissons fermentées destinées au festin des funérailles. Cela fait, on le place dans un tronc d'arbre creusé en forme de bière, et on le descend dans une fosse avec les objets auxquels il tenait

(1) On conçoit facilement tout le parti que l'on pourrait tirer, pour la civilisation de ce pays, de sa tendance instinctive vers le christianisme.

le plus et les provisions qui doivent lui servir à gagner sa nouvelle patrie.

A la croix plantée sur sa tombe sont jointes ses
armes, s'il a été un homme de guerre; et ses exploits
sont célébrés par quelques-uns des assistants, du haut
de leur éternelle monture, et revêtus de leur plus
beau costume.

Dans les vallées de la cordillère des Andes, on en-
ferme des coqs dans la bière, que l'on recouvre alors
de broussailles au lieu de terre; et ces coqs chantent
jusqu'à complet épuisement. Quelquefois on écorche
le cheval du défunt et l'on étend la peau sur un tréteau
dressé à côté de lui, afin que, si l'envie lui en prend,
il accomplisse le grand voyage avec ce simulacre de
monture.

La cérémonie se termine par un festin où les boissons fermentées ne sont pas épargnées.

Les Araucaniens ont gardé la langue et les usages
de leurs ancêtres. Les nécessités du voisinage ont
forcé les Chiliens de la frontière à apprendre cette
langue.

Il me fallut, à mon tour, apprendre l'espagnol,
pour m'aboucher avec un interprète qui m'aidât à pénétrer en Araucanie.

CHAPITRE II

Départ de France. — Arrivée en Araucanie. — Conférences avec les caciques. — Décret. — Constitution. — Acquiescement de la Patagonie.

J'avais quitté la France à la fin du mois de juin 1858, et, m'étant embarqué à Southampton sur un paquebot anglais en partence pour le Chili, j'étais arrivé le 22 août à Coquimbo, où je m'arrêtai tout d'abord et où je me mis en devoir non-seulement d'apprendre l'espagnol, mais encore d'étudier le pays et d'acquérir des renseignements de toute nature sur celui que j'avais résolu de visiter.

Ce fut en 1860 que je franchis la frontière araucanienne. J'avais auparavant fait part au cacique Magnil du dessein que j'avais formé, et j'en avais reçu une réponse des plus encourageantes. Pour m'assurer de ses bonnes dispositions, j'inclinai vers le sud et pris le chemin de sa résidence; mais on m'annonça, en route, la mort de ce chef, et, sans intermédiaire autre que mon interprète, j'allai droit aux autres caciques, qui tous, comme Magnil, donnèrent leur assentiment à mon projet.

Je me déterminai alors à rendre le décret suivant :

NOUS, PRINCE ORLLIE-ANTOINE DE TOUNENS,

Considérant que l'Araucanie ne dépend d'aucun autre État, qu'elle est divisée par tribus, et qu'un gouvernement central est réclamé par l'intérêt particulier aussi bien que par l'intérêt général ;

DÉCRÉTONS CE QUI SUIT :

Art. 1er. Une monarchie constitutionnelle et héréditaire est fondée en Araucanie; le prince Orllie-Antoine de Tounens est nommé roi.

Art. 2. Dans le cas où le roi n'aurait pas de descendants, ses héritiers seront pris dans les autres lignes de sa famille, suivant l'ordre qui sera établi ultérieurement par une ordonnance royale.

Art. 3. Jusqu'à ce que les grands corps de l'État soient constitués, les ordonnances royales auront force de loi.

Art. 4. Notre ministre secrétaire d'État est chargé des présentes.

Fait en Araucanie, le 17 novembre 1860.

Signé : ORLLIE-ANTOINE Ier.

Par le roi :

Le ministre secrétaire d'État au département de la justice,

Signé : F. DESFONTAINE.

Le même jour, je décrétais la constitution ; elle est ainsi conçue :

CONSTITUTION

Par notre décret en date de ce jour, nous avons établi en Araucanie une monarchie constitutionnelle, et décrété que le trône sur lequel nous sommes monté serait occupé, après notre mort, par nos descendants en ligne directe, et, à leur défaut, par des héritiers pris dans les autres branches de notre famille, selon un ordre ultérieurement fixé.

Les bases de la Constitution sont :

1° Un roi ou une reine, suivant l'ordre héréditaire ;

2° Des ministres, dépendant du roi seul ;

3° Un conseil du royaume, formé des notabilités du pays ;

4° Un conseil d'État, rédigeant les projets de lois et les défendant devant le corps législatif, conjointement avec les

ministres chargés de prendre en la parole au nom du gouvernement.

5° Un corps législatif nommé par le suffrage universel,
discutant et votant les lois.

TITRE Ier

DISPOSITIONS FONDAMENTALES GARANTIES PAR LA CONSTITUTION.

Art. 1er. La constitution garantit, comme droits naturels et
civils :

La liberté individuelle ;

L'égalité devant la loi.

Chacun contribue aux charges de l'État, dans la proportion de sa fortune.

TITRE II

FORMES DU GOUVERNEMENT.

Art. 2. La puissance législative s'exerce collectivement,
par le roi, le conseil d'État, le conseil du royaume et le
corps législatif.

TITRE III

DU ROI.

Art. 3. Le roi est le chef de l'État ; il commande les
forces de terre et de mer, déclare la guerre, fait les traités

de paix, d'alliance et de commerce, et nomine à tous les emplois.

Art. 4. La justice se rend en son nom.

Art. 5. Le roi sanctionne et promulgue les lois.

Art. 6. Le roi a le droit de faire grâce et d'accorder des amnisties.

Art. 7. Le roi préside, à sa volonté, le conseil du royaume et le conseil d'État.

Art. 8. Le roi fait des nobles à volonté, mais sans droits de caste ni privilèges ; les titres sont simplement honorifiques.

Art. 9. Les princes de la famille royale sont membres du conseil du royaume et du conseil d'État, lorsqu'ils ont atteint leur dix-huitième année ; mais ils ne peuvent y siéger qu'avec l'agrément du roi.

Art. 10. Les actes qui constatent la naissance, les mariages, les décès des membres de la famille royale sont reçus par le ministre d'État, et transmis, sur un ordre du roi, au conseil du royaume, qui en ordonne la transcription sur ses registres et le dépôt dans ses archives.

Art. 11. La dotation immobilière de la couronne sera réglée par une ordonnance spéciale. La dotation mobilière et la liste civile du roi seront réglées, pour la durée de chaque règne, par une décision spéciale du conseil du royaume.

TITRE IV

DES MINISTRES.

Art. 12. Les ministres ne dépendent que du roi; ils ne sont responsables que chacun en ce qui le concerne des actes du gouvernement, et ne peuvent être mis en accusation que par le conseil du royaume.

Art. 13. Ils ont rang, séance et voix délibérative au conseil d'État.

Art. 14. Ils ne peuvent être membres du corps législatif.

Art. 15. Le budget est présenté au corps législatif avec les divisions administratives, par chapitre et par article. Il est voté par ministère.

TITRE V

DU CONSEIL DU ROYAUME.

Art. 16. Le conseil du royaume se compose de citoyens choisis par le roi; le nombre de ses membres est proportionné aux besoins du service.

Art. 17. Les conseillers du royaume sont nommés à vie; mais ils peuvent être destitués par le roi, pour crimes, attentats et complots contre la sûreté intérieure et extérieure de l'État, la personne du roi et des membres de sa famille, enfin pour tout acte entaché d'infamie.

Art. 18. Le président et les vice-présidents du conseil du royaume sont nommés par le roi et choisis parmi les conseillers. La durée de leurs fonctions est d'un an.

Art. 19. Le roi convoque et proroge le conseil du royaume. Il fixe par une ordonnancé la durée de ses sessions.

Art. 20. Les séances du conseil du royaume sont publiques. Les journaux peuvent rendre compté des séances, sauf rectification dans le cas d'infidélité, à la requête du président du conseil ou des préfets, fondée sur le compte rendu du journal officiel, et sauf les peines portées par les lois sur la presse.

Art. 21. Le conseil du royaume est le gardien du pacte fondamental et des libertés publiques. Toute loi doit lui être soumise avant la promulgation.

Art. 22. Le conseil du royaume s'oppose à la promulgation :

1° Des lois qui porteraient atteinte à la constitution, à la religion, à la morale, à la liberté des cultes, à la liberté individuelle, à l'égalité devant la loi et à l'inviolabilité de la propriété;

2° De celles qui pourraient compromettre l'intégrité du territoire.

Art. 23. Le conseil du royaume règle, par une décision approuvée par le roi :

1° Tout ce qui n'a pas été prévu par la constitution et qui est nécessaire à sa marche ;

2° Le sens des articles de la constitution qui donnent lieu à différentes interprétations.

Art. 24. Le conseil du royaume peut proposer des projets de lois ; mais, avant toute délibération, ils doivent être envoyés au conseil d'État, conformément à l'art. 30 ci-après.

Art. 25. Il peut proposer des modifications à la constitution ; lorsqu'elles sont acceptées par le conseil d'État, il est statué à ce sujet par une ordonnance royale.

TITRE VI

DU CONSEIL D'ÉTAT.

Art. 26. Le nombre des conseillers d'État est proportionné aux besoins du service.

Art. 27. Ils sont nommés par le roi et révocables par lui,

Art. 28. Le conseil d'État est présidé par le roi, et, en son absence, par un vice-président nommé par lui.

Art. 29. Le conseil d'État est chargé de rédiger les projets de lois et les règlements d'administration publique, et de résoudre les difficultés qui peuvent s'élever en matière d'administration.

Art. 30. Il reçoit les projets de lois, les discute, propose des amendements, vote ou rejette, et soumet le résultat de ses délibérations au conseil du royaume.

Art. 31. Il défend les projets de lois, au nom du gouvernement, devant le conseil du royaume et le corps législatif.

Les conseillers d'État, chargés de prendre la parole au nom du gouvernement, sont désignés par le roi.

TITRE VII.

DU CORPS LÉGISLATIF.

Art. 32. L'élection des membres du corps législatif a pour base la population.

Art. 33. Il y a un député en raison de cinquante mille habitants.

Art. 34. Les députés sont nommés par le suffrage universel.

Art. 35. Ils sont nommés pour six ans.

Art. 36. Le corps législatif discute et vote les projets de lois et l'impôt. Il a le droit d'initiative; mais, avant toute délibération, ses propositions doivent être soumises au conseil d'État, conformément à l'article 30 ci-dessus.

Art. 37. Tout amendement adopté par la commission chargée de l'examen d'un projet de loi sera envoyé sans discussion préalable au conseil d'État, qui, après en avoir délibéré, le soumettra au corps législatif.

Art. 38. Les sessions ordinaires du corps législatif durent trois mois. Ses séances sont publiques.

Art. 39. Le compte rendu des séances est soumis aux prescriptions portées par l'article 20 ci-dessus.

Art. 40. Le président et les vice-présidents du corps législatif sont nommés par le roi, pour un an. Ils sont choisis parmi les députés.

Art. 41. Nul ne peut être député s'il est fonctionnaire du gouvernement dans l'ordre administratif ou judiciaire, s'il fait partie de l'armée de terre ou de mer, ou s'il remplit un emploi à la cour. Quiconque se trouve dans ces conditions est considéré comme démissionnaire, pour le seul fait de sa candidature ; et il est pourvu à son remplacement.

Art. 42. Ne tombent pas sous le coup de cette prohibition les officiers généraux placés dans le cadre de réserve.

Art. 43. Le roi convoque, ajourne, proroge ou dissout le corps législatif. En cas de dissolution, il convoque une nouvelle chambre dans le délai de six mois.

TITRE VIII

DE LA HAUTE COUR DE JUSTICE.

Art. 44. Une haute cour de justice connaît des crimes, attentats et complots contre la personne du roi et des membres de la famille royale, et contre la sûreté intérieure de l'État ; ses jugements sont sans recours.

Elle est saisie en vertu d'une ordonnance royale, ou, à

son défaut, à la requête d'un haut dignitaire délégué par le roi.

Art. 45. Une ordonnance royale pourvoira à l'organisation de la haute cour de justice.

TITRE IX

DISPOSITIONS GÉNÉRALES ET TRANSITOIRES.

Art 46. Les magistrats sont nommés à vie. Néanmoins, tout magistrat convaincu d'avoir manqué à ses devoirs, d'avoir été accessible à la corruption et de s'être rendu coupable de partialité, sera destitué par le roi, sur le rapport du ministre de la justice.

Art. 47. Il n'y a pas de petites causes devant la justice : toutes méritent l'attention des juges et une solution aussi rapide que possible. Il ne faut pas pourtant préjudicier, par une trop grande célérité, aux droits et aux intérêts des parties.

Art. 48. Les conseils départementaux peuvent proposer des projets de lois d'intérêt local ou même général, et ont pour mission spéciale de faire connaître au gouvernement les besoins du pays.

Une ordonnance royale déterminéra l'époque de leur session et la durée de leurs séances, et fixera la marche de leurs travaux.

Art. 49. Le peuple a le droit de présenter des pétitions au conseil d'État.

Art. 50. Les pétitions ne sont valablement signées que par des citoyens majeurs et non frappés de condamnations afflictives ou infamantes.

Art. 51. Les signatures des pétitionnaires doivent être légalisées par le maire de la commune où demeure chacun d'eux.

Art. 52. Dans le cas de sédition ou insurrection, le département ou les départements, théâtres des troubles, sont, par le fait seul de ces troubles, mis en état de siége, sans qu'il soit besoin de le proclamer.

Art. 53. Toutes les autres parties du royaume, ou quelques-unes d'elles, pourront être mises en état de siége par le roi.

Art. 54. Pendant l'état de siége, les femmes, enfants, vieillards, infirmes et tous autres individus qui n'auraient pas pris part aux troubles, seront sous la sauvegarde des lois. L'autorité fera aussi respecter les propriétés publiques et privées.

Art. 55. Toute personne qui, durant l'état de siége, se sera rendue coupable d'assassinat ou de tentative d'assassinat, d'attentat à la pudeur, de viol ou de tentative de viol, de violation de propriété publique ou privée, sera punie de mort.

Art. 56. Le chef ou les chefs déclarés ou secrets de troubles ou séditions; ceux qui y participeront ou qui seront porteurs d'armes apparentes ou cachées, ou qui fourniront des armes ou des munitions aux perturbateurs; ceux qui seront convaincus d'être entrés dans des complots ayant pour but de troubler la tranquillité publique, d'exciter les citoyens les uns contre les autres, mais qui ne se rendront pas coupables des crimes spécifiés dans l'article 55, seront punis de la détention perpétuelle.

Art. 57. Pendant l'état de siége, nul ne peut quitter sans passe-port le lieu de sa résidence. Le contrevenant est arrêté et n'est relâché qu'après en avoir obtenu la remise. Les autorités sont tenues de délivrer un passe-port, dans le plus bref délai possible, à quiconque y a droit.

Art. 58. Les crimes et délits, quels qu'ils soient, commis pendant l'état de siége, sont jugés par une cour martiale, qui applique les peines portées par les lois, spécialement celles énoncées dans les articles 55 et 56 de la présente constitution.

Art. 59. Le roi lève l'état de siége à sa volonté.

L'état de siége levé, les lois ordinaires reprennent leur cours.

Art. 60. Tout individu condamné à mort, avant, pendant ou après l'état de siége, par quelque autorité que ce soit, aura vingt-quatre heures pour se pourvoir en grâce, à partir de la signification du rejet de tous autres pourvois. Dans le cas où le condamné refuserait de se pourvoir dans ledit délai, le pourvoi sera formé d'office, dans les vingt-quatre heures suivantes, par nos procureurs généraux près notre haute cour de justice et nos cours d'appel, par nos procureurs royaux près nos tribunaux et par nos commissaires près nos conseils de guerre ou cours martiales.

Art. 61. Le pourvoi en grâce sera directement adressé au roi, et suspendra l'exécution de la condamnation à mort.

Art. 62. Le traitement des ministres, des conseillers du royaume, des conseillers d'État et des députés sera fixé par une ordonnance royale.

Art. 63. Les dispositions des lois et règlements existants, qui ne sont pas contraires aux prescriptions de la présente constitution, restent en vigueur, jusqu'à ce qu'il y soit légalement dérogé.

Art. 64. La présente constitution sera en vigueur à dater du jour où les corps de l'État qu'elle organise seront constitués.

Art. 65. Les ministres, les membres du conseil du royaume, du conseil d'État et du corps législatif, les officiers de l'armée de terre et de mer, les magistrats et autres fonctionnaires publics, prêtent un serment ainsi conçu :

Je jure obéissance à la constitution et fidélité au roi, et promets de remplir mes devoirs avec dignité et probité.

Art. 66 et dernier. Notre ministre secrétaire d'État au

département de la justice est chargé de l'exécution de la présente constitution.

Fait en Araucanie, le 17 novembre 1860.

Signé : Orllie-Antoine Ier.

Par le roi :

Le ministre secrétaire d'État au département de la justice,

Signé : F. Desfontaine.

J'envoyai copie de ces deux actes aux journaux suivants : *le Mercure*, de Valparaiso; le *Ferro-Carril*, et la *Revue catholique*, de Santiago. *Le Mercure*, dans son numéro du 29 décembre 1860, inséra intégralement le premier de ces actes et un extrait de la constitution ; ce qui fut imité par les autres journaux. Et c'est ainsi que la fondation du royaume d'Araucanie fut rendue publique.

En même temps, et par le même courrier, j'adressai cette notification au président de la république du Chili :

Excellence,

Nous, Orllie-Antoine Ier, par la grâce de Dieu, roi d'Araucanie,

Avons l'honneur de vous faire part de notre avénement au trône que nous venons de fonder en Araucanie.

Nous prions Dieu, Excellence, qu'il vous ait en sa sainte, et digne garde!

Fait en Araucanie, le 17 novembre 1860.

Signé : Orllie-Antoine Ier.

Cette notification, envoyée par l'intermédiaire de mon ministre des affaires étrangères, était accompagnée de la lettre suivante :

A MONSIEUR LE MINISTRE DES AFFAIRES ÉTRANGÈRES DU CHILI

Monsieur le ministre,

Je vous prie d'avoir l'obligeance de transmettre à Son Excellence le président de la république du Chili la lettre autographe de Sa Majesté le roi d'Araucanie, que je joins à la présente.

Veuillez, monsieur le ministre, recevoir l'assurance de ma considération très-distinguée.

Le ministre des affaires étrangères d'Araucanie,

Signé : F. Desfontaine.

Ces dépêches étaient à peine parties que je recevais la réponse des Patagons, à qui j'avais fait la même proposition qu'aux Araucaniens : c'était un acquiescement. Je rendis alors l'ordonnance suivante :

ORLLIE-ANTOINE Ier, par la grâce de Dieu, roi d'Araucanie, à tous présents et à venir, salut.

Considérant que les indigènes de la Patagonie ont les mêmes droits et intérêts que les Araucaniens, et qu'ils déclarent vouloir s'unir à eux, pour ne former qu'une seule nation sous notre gouvernement monarchique-constitutionnel,

Avons ordonné et ordonnons ce qui suit :

Art. 1er. La Patagonie est réunie dès aujourd'hui à notre royaume d'Araucanie et en fait partie intégrante, dans les formes et conditions énoncées dans notre ordonnance du 17 novembre courant.

Art. 2. Notre ministre secrétaire d'État au département de la justice est chargé de l'exécution des présentes.

Fait en Araucanie, le 20 novembre 1860.

Signé : ORLLIE-ANTOINE Ier.

Par le roi :

Le ministre secrétaire d'État au département de la justice,

Signé : F. DESFONTAINE.

CHAPITRE III

Quelque temps après, je me rendis à Valparaiso, et de là j'écrivis plusieurs lettres à des amis de France pour les prier de faire des démarches auprès du gouvernement, afin d'obtenir qu'il reconnût le royaume que je venais de fonder, et qu'il voulût bien m'aider à fortifier mon pouvoir acclamé par les Araucaniens et à protéger mes sujets contre toutes éventualités. En attendant la réponse, j'élaborai des projets de lois calqués sur les Codes français.

Je vivais au grand jour à Valparaiso. Les auto-

3

rités chiliennes, qui ne pouvaient ignorer ce que j'étais allé faire en Araucanie, puisque j'en avais instruit le président de la république, savaient que j'étais là sous leur main ; et pourtant, pendant un séjour d'environ neuf mois, elles ne songèrent nullement à me tracasser. Or, je le demande, si le gouvernement du Chili avait effectivement régi et administré l'Araucanie, ne se serait-il pas empressé de faire arrêter celui qui s'instituait roi d'Araucanie ? Me laisser en toute liberté, n'était-ce pas hautement confesser qu'il n'avait aucun droit sur ce pays, ou que ses lois y étaient de nul effet ? Est-il un seul roi ou empereur au monde qui ne se hâtât de jeter en prison un individu assez osé pour venir en quelque sorte le défier, après s'être taillé un royaume dans son territoire ?

J'appris par des lettres particulières le résultat des propositions que j'avais adressées au gouvernement français.

Je fus en même temps assailli d'une grêle de quolibets décochés par la presse de mon pays. C'était un journal de mon département, *le Périgord*, qui avait attaché le grelot. J'avais écrit au rédacteur de cette feuille pour lui démontrer l'intérêt que la France avait à me prêter son appui et pour le prier de plaider ma cause. Seulement, je lui recommandais de ne publier que ce qui pouvait la servir. Mais le journaliste aima mieux commettre un abus de confiance : il publia ma lettre en entier.

Et voici ce qui me valut ce débordement de sarcasmes. M'adressant à un compatriote, je lui rappelais dans cette lettre que j'avais exercé à Périgueux les fonctions d'avoué.

Un avoué passé à l'état de roi! Quelle bonne aubaine qu'une pareille nouvelle! quelle pâture pour les abonnés!

En France, on ne cherche que les occasions de rire, et on leur sacrifie souvent les intérêts les plus graves et les espérances les plus sérieuses.

Au lieu de se répandre en plaisanteries indignes d'elle, la presse aurait dû jeter les yeux sur la carte d'Amérique et parcourir l'espace qui s'étend du nord au sud, du détroit de Behring à la Terre de Feu, une distance de 3,150 lieues... Qu'eût-elle trouvé dans cet immense trajet? Deux souvenirs de la France presque entièrement effacés, la Louisiane et le Canada.

Est-ce la peine de parler des Antilles et de la Guyane?

Quelle prépondérance nous ont acquise en Amérique de pareilles possessions?

Qu'est-ce que cela, en comparaison d'une contrée comprenant 425 lieues de côtes sur l'océan Atlantique et presque autant sur l'océan Pacifique, avec une largeur moyenne d'environ 200 lieues, un pays enfin deux fois grand comme la France, d'une rare fertilité, arrosé par de nombreux cours d'eau, riche en pâturages et en minéraux de toute sorte, favorisé d'un excellent climat, et où l'on ne rencontre pas une seule bête féroce, pas un seul reptile venimeux? Voilà, en réalité, ce que j'offrais à la France ; car ma prise de possession de ce vaste territoire n'aurait été que le point de départ d'une colonie française. — Cela méritait-il le ridicule dont on m'a abreuvé (1)?

Mal compris par le gouvernement français, berné par les journaux, je résolus de rentrer en Araucanie et de faire ratifier mon élection par toutes les populations indépendantes du sud. Je proposai à quelques Français de m'accompagner, mais je ne trouvai personne qui eût le courage de me suivre. Je partis donc seul et gagnai Concepcion. Là, un compatriote

(1) Tous les organes de la presse française n'ont pas fait preuve de la même légèreté (Voir l'Appendice, lettre A).

me donna une lettre pour un autre Français des
Anjeles, capitale de la province d'Arauco, où je
devais bientôt courir des risques de mort. Ce dernier
me rendit le même service, en m'adressant à un autre
compatriote, négociant à Nacimiento, ville chilienne
qui touche à la frontière d'Araucanie. J'arrivai chez
lui le 19 décembre 1861, dans la matinée ; il était en
voyage. Sa femme prit ma lettre d'introduction, la lut,
et fit part du contenu à un Chilien ami de son mari,
M. Lorenzo Leiton, qui, sur la prière de cette dame,
m'offrit l'hospitalité de très-bonne grâce.

Je passai la journée chez M. Leiton, où je me
trouvai en rapport avec des Chiliens, à qui je ne
cachai nullement mes projets.

Lorsque je pris congé de mon hôte, je parlai encore du but de mon voyage en Araucanie, et aucune
observation ne me fut faite, quoique notre entretien
eût pour témoin un personnage officiel, M. Faes,
gouverneur du département. Comme on le voit, ma
conduite n'était pas celle d'un conspirateur.

N'étais-je pas fondé à croire que je n'avais rien à
craindre, puisque l'autorité ne cherchait pas à me dé-
tourner de la voie dans laquelle je m'engageais ?

Je partis de Nacimiento, un dimanche, à dix heures

du matin, c'est-à-dire en plein jour, convaincu jusqu'au dernier moment que mon entreprise, basée sur
les décisions électorales des tribus, ne pouvait aboutir
à un cachot.

Maintenant, je vais laisser un instant la parole aux
procès-verbaux que je dressais à la suite de chaque
séance électorale.

Aujourd'hui 25 décembre 1861, jour de Noël.

Les électeurs de la tribu de Canglo se sont réunis
sous la présidence du cacique Leviou, à l'effet de
délibérer sur ma proposition d'établir en Araucanie et
en Patagonie une monarchie constitutionnelle, et de
m'élire roi, avec droit perpétuel d'hérédité dans ma
famille, suivant un ordre ultérieurement déterminé.

Après en avoir délibéré, lesdits électeurs m'ont
élu et proclamé roi d'Araucanie et de Patagonie, dans
les termes indiqués.

Fait en Araucanie, les jour, mois et an que dessus.

Signé : ORLLIE-ANTOINE Ier.

Aujourd'hui.26 décembre 1861.

Les électeurs de la tribu de Canglo, auxquels sont
venus se joindre ceux de la tribu régie par Melin, se
sont réunis de nouveau en assemblée générale,

près de la maison du cacique Leviou, dans le lieu ordinaire de leurs séances, en plein air, sur un plateau, sous la présidence des caciques Leviou et Peoucon, cé dernier fils aîné de Melin et délégué par lui.

Un vieillard a été chargé de prendre la parole, et, après de longs pourparlers, lesdits électeurs m'ont élu et proclamé roi d'Araucanie et de Patagonie dans les termes indiqués.

Fait en Araucanie, les jour, mois et an que dessus.

Signé : ORLLIE-ANTOINE Ier.

Aujourd'hui 27 décembre 1861.

Les électeurs de la tribu de Quicherégua se sont réunis en assemblée générale dans le lieu ordinaire de leurs séances, à deux kilomètres de la maison du cacique Millavil, sous la présidence de celui-ci.

Après délibération, lesdits électeurs m'ont élu et proclamé roi d'Araucanie et de Patagonie dans les termes indiqués.

Fait en Araucanie, les jour, mois et an que dessus.

Signé : ORLLIE-ANTOINE Ier.

Aujourd'hui 30 décembre 1861.

Les électeurs de la tribu de Traguien se sont réunis sous la présidence du cacique Guentucol.

Après délibération, lesdits électeurs m'ont élu et proclamé roi d'Araucanie et de Patagonie dans les termes indiqués.

Fait en Araucanie, les jour, mois et an que dessus.

Signé : ORLLIE-ANTOINE Ier.

Ces élections successives terminées, je revins sur mes pas pour gagner Angol, où je voulais fixer ma résidence, et d'où je devais être plus que partout ailleurs à portée de communiquer mes ordres aux indigènes qui venaient de m'élire, et de correspondre avec les gouvernements étrangers, principalement avec le Chili, qui avait autant d'intérêt que moi à conclure des traités de paix.

Après avoir passé par Quicheregua pour me rendre à Canglo, et avoir visité le cacique Melin, je quittai Canglo. C'était le 5 janvier 1862, date qui devait m'être fatale.

J'étais parti de très-grand matin, avec mon domestique, dont j'étais à ce moment loin de soupçonner la trahison, pour me rendre chez le cacique Trintre, à Angol. Nous marchâmes sans nous arrêter, et arrivâmes vers midi et demi au lieu dit *les Poiriers*, qui est planté, en effet, d'arbres fruitiers et éloigné de toute habitation.

Nous fîmes rencontre, chemin faisant, de marchands chiliens qui revenaient de l'intérieur de l'Araucanie et retournaient dans leur pays. Leur présence me sauva la vie.

Les agents envoyés contre moi par les autorités chiliennes avaient ordre, que je fisse ou non de la résistance, de me trancher la tête et de la porter au gouvernement, comme preuve irrécusable de ma mort. Mais les marchands, qui étaient là, ne seraient pas restés impassibles témoins de cette exécution sauvage. Le chef de la bande ne voulut pas endosser la responsabilité d'un tel acte, qui pouvait être une méchante affaire, non-seulement pour le Chili, mais encore pour lui.

Il se contenta donc, dès que je fus tombé dans le guet-apens qu'on m'avait tendu, de me prendre et de me traîner à Nacimiento (1), où j'arrivai le même jour, et dont le gouverneur me fit enfermer dans une forteresse et garder à vue.

---

1) On trouvera le détail de mon arrestation dans ma défense. On peut consulter aussi la lettre écrite par le gouverneur de Nacimiento au préfet des Anjeles, quoiqu'elle renferme plusieurs erreurs.

CHAPITRE IV

Le roi devant le conseil de guerre. — Déposition de Rosales. — Premier interrogatoire. — Lettres du commandant d'armes de Nacimiento à celui des Anjeles.

Le procès s'ouvrit par les pièces suivantes :

COMMANDERIE D'ARMES.

Nacimiento, le 5 janvier 1862.

L'adjudant du 7ᵉ bataillon de ligne, don Estevan Camino, est hargé de procéder à la constatation des faits dont est accusé celui qui s'intitule roi d'Araucanié, Orllie-Antoine, détenu dans le fort de cette place.

Signé : Faes (1).

(1) Le même que j' vais vu chez M. Leiton (Voir plus haut, p. 37).

La présente instruction nécessitant le ministère d'un greffier, je nomme, pour remplir ces fonctions, le caporal en second de la compagnie de grenadiers du 7e bataillon de ligne, lequel, sachant les obligations qu'il contracte, accepte, jure fidélité et promet de garder le secret en tout. En foi de quoi, il a signé avec moi.

Signé : ESTEVAN CAMINO. — MARCO RIVEROS.

Nacimiento, le 5 janvier 1862.

Bien que Rosales fût mon domestique et mon accusateur principal, qu'il m'eût trahi et vendu, les juges n'hésitèrent pas à l'admettre comme témoin, de même que Lorenzo Lopez et Santos Bejar Culinau, qui m'avaient servi d'interprètes et qui ont été les complices du premier.

Plusieurs marchands de Nacimiento, de Concepcion et autres lieux, étaient présents aux assemblées qui se tinrent pour mon élection et la proclamation du vote des Indiens. Ils étaient connus de Rosales, de Lopez et de Culinau, qui auraient pu les désigner à la justice; mais leurs dépositions n'auraient pas concordé avec celles de ces trois misérables. Aussi ne furent-ils pas appelés. A toutes mes réclamations on ne répondit que par un refus absolu, et l'on n'entendit, en dehors de mes accusateurs, qu'un seul témoin, Juan de Dios Verigna ; et encore ne le fit-on comparaître que comme témoin à charge. Seulement sa déposition contredit, sur plusieurs points, celles des trois autres.

Je ne crois pas inutile de faire précéder la déposition de Rosales de la lettre qu'il envoya à sa femme, étant à mon service :

MON ÉPOUSE RESPECTÉE,

Veuille bien mettre ceci dans les mains de mon major Cartes, parce que je regrette beaucoup d'être venu à la terre (1).

Un inconnu m'offrit 250 francs pour le mener chez le cacique Guentucol, et je ne croyais pas qu'il vînt conquérir les réductions (2), dont il a fini par gagner tous les caciques, qui lui ont promis quatorze mille Indiens.

Ses plans sont d'être, dans le délai de quinze jours au plus tard, sur les bords du Bio-Bio avec tous les

---

(1) Les Chiliens disent qu'ils vont à la terre, lorsqu'ils se rendent sur le territoire indépendant d'Araucanie et de Patagonie.

(2) Tribus.

Indiens. Il a fait entendre aux caciques qu'en se joi-
gnant aux forces qui l'attendent là, il s'emparerait
de Santiago avec l'aide de la France, et qu'alors ils
seraient maîtres du terrain jusqu'au Bio-Bio, qui ser-
virait de frontière. Ils se sont engagés à le suivre, et
déjà seraient tous réunis, sans Lorenzo Lopez et
Santos Culinau qui les retiennent.

Aussitôt que j'eus été informé de ceci, je priai ces
derniers, qui étaient les interprètes, de ne plus
prêter leur concours à cet inconnu, et, quoique la
guerre fût ouverte contre le Chili, ils n'hésitèrent
pas à accéder à ma demande, et se montrèrent très-
irrités, ainsi que les Indiens, parce que le délai était
de quatre jours. Mais l'inconnu est parvenu à cal-
mer les esprits, grâce aux interprètes, qui au fond
lui sont encore dévoués; et le cacique Melin lui a
dit de venir s'aboucher avec Juan Trintre, promettant qu'à son retour il trouverait deux mille hommes
prêts à marcher. Le 4, il se met en route avec moi
jusqu'à Malleco, pour gagner les Indiens du pays.

Je prie les personnes entre les mains de qui ma
lettre tombera de la remettre à mon major Cartes,
pour qu'il voie ce qu'il y aurait de mieux à faire sur
les bords du Malleco.

Mon compagnon Santos Culinau a fait tout son possible pour mettre l'inconnu dehors, sûrs que nous sommes que, s'il revient à l'intérieur, toute la terre sera avec lui.

Signé : J.-B. Rosales.

Déposition de Rosales.

A Nacimiento, le 5 janvier 1862, comparution, devant le ministère public et le greffier soussigné, de J.-B. Rosales, assermenté en forme, avec promesse de dire la vérité sur les faits qui sont à sa connaissance.

Demande. — Quel nom, quel âge et quelle profession?

Réponse. — J.-B. Rosales, âgé de quarante ans, deuxième de l'escadron civil de Nacimiento.

D. — Connaissez-vous celui qui s'intitule roi d'Araucanie et savez-vous où il est?

R. — Il connaît cet individu depuis le jour de son arrivée; il l'a accompagné dans son voyage en Araucanie, est instruit de ses faits et gestes, et sait qu'il est prisonnier.

D. — Comment fûtes-vous mis en rapport avec lui? Dans quel but et sous quelles conditions l'accompagnâtes-vous? Dites, sans rien omettre, ce que vous savez à son sujet, depuis son départ pour l'Araucanie jusqu'au jour où vous revîntes et où il fut appréhendé au corps par douze hommes de l'escadron civil de Nacimiento, commandés par don Lorenzo Villagra, et dépêchés à cet effet par l'autorité compétente.

R. — Le vingt-deux décembre dernier, celui qui s'intitule roi d'Araucanie se présenta chez lui et lui demanda s'il voulait l'accompagner dans un voyage qu'il avait l'intention de faire à la terre. Il lui répondit qu'il n'y voyait aucun inconvénient. Celui qui s'intitule roi convint alors de lui donner cinquante piastres le quinze février suivant et, comme garantie de son engagement, lui signa la valeur classée sous le numéro 1er, à la condition qu'il le conduisît à la maison du cacique Guentucol, successeur de feu Magnil, située de l'autre côté de la rivière de Quille-du-Salto au sud.

Le témoin devait lui amener, à son hôtel, aussitôt l'affaire conclue, un cheval et une mule. Il s'y conforma, et partit pour l'Araucanie en qualité de domestique du même roi (1).

(1) Voici comment les choses se sont réellement passées. Rosales, ayant appris que je cherchais un domestique pour m'accompagner en Araucanie, vint de lui-même me trouver, un samedi, le 21 décembre. Il s'offrit en cette qualité. Je voulais d'abord le prendre à mon service

On fit la première pause sur la rive gauche du Renaico, en plein air. De ce point, on se dirigea sur Canglo, où l'on descendit chez Lorenzo Lopez, un indigène espagnolisé appartenant à la réduction (1) du cacique Leviou. Dès l'arrivée, le roi fit appeler le cacique (2) et le supplia de rassembler les Indiens placés sous sa dépendance, pour qu'il leur fît part de sa résolution. Le cacique objecta que le jour était trop avancé et qu'il valait mieux remettre la chose au lendemain. En effet, le jour suivant (3), il réunit douze de ses mocetons (4) dans la maison de Lorenzo Lopez (5),

---

au mois, mais nous ne pûmes nous entendre. Cette première entrevue eut lieu en présence de M. Charles Aufray, négociant à Nacimiento. Désirant partir le plus tôt possible, je demandai où restait Rosales et me rendis chez lui. Cette fois, nous tombâmes d'accord : il consentit à me conduire chez le cacique Guentucol moyennant 15 piastres, et non 50 comme il le prétend. Ce n'est que plus tard, le 5 janvier, que je m'engageai à lui donner 50 piastres. Une autre personne, M. Lorenzo Leiton, peut certifier le fait.

(1) Tribu.

(2) C'est faux. J'allai moi-même chez le cacique, suivi du seul Lorenzo Lopez qui me servait d'interprète.

(3) Cela n'eut pas lieu le lendemain, mais le surlendemain. Rosales ne pouvait d'ailleurs parler sciemment de notre conversation, puisqu'il n'était pas présent à l'entrevue. Il est vrai que le cacique m'avait promis de réunir les Indiens le lendemain, mais il n'y put parvenir, parce que, ayant eu de l'eau-de-vie à leur disposition, ils en avaient bu outre mesure.

(4) Voir page 3, *note*,

(5) En face de cette maison.

4

et celui qui s'intitule roi leur dit qu'il venait les aider à défendre leurs droits, et qu'il ambitionnait d'être proclamé leur roi, non par intérêt, mais pour faire respecter par le gouvernement chilien les propriétés des indigènes et l'amener à reconnaître qu'il ne lui est pas permis de fonder des établissements de l'autre côté du Bio-Bio, qui est la frontière léguée aux Indiens par leurs ancêtres, etc. (1).

A ceci le cacique et les mocetons répondirent, avec une joie bruyante, qu'ils reconnaissaient pour leur roi Orllie-Antoine Ier, qui était pour eux le roi dont l'avénement leur avait été annoncé autrefois par le cacique Magnil.

A partir de ce moment, le cacique Leviou et ses mocetons ne cessèrent de le traiter en roi, et l'enga-

___

(1) Je dis, eu réalité, aux Indiens que l'énergie avec laquelle ils combattaient pour leur liberté et leur indépendance ne pouvait qu'exciter l'admiration ; qu'une pareille lutte, si vivement soutenue, était le comble de l'héroïsme ; mais que cependant la guerre, loin de leur donner la tranquillité, la richesse, tous les bienfaits de la civilisation, ce à quoi doit tendre et prétendre tout peuple, ne faisait, au contraire, que porter parmi eux le désordre, la ruine, tous les maux enfin qu'entraîne la guerre après elle ; que le droit naturel et le droit international les autorisaient à se constituer en nation, pour marcher d'un pas plus sûr dans la voie du progrès.

J'ajoutai que, pour atteindre ce but, il fallait que toutes les tribus se concentrassent sous la main d'un seul chef, qui introduirait dans le

gèrent à provoquer au plus tôt une assemblée générale pour la proclamation solennelle de son autorité.

Le cacique se chargea d'envoyer des courriers aux Indiens des frontières de sa tribu; et le lendemain cent Indiens à cheval se trouvaient formés en bataille, sous le commandement de leurs chefs respectifs.

Ils se disposèrent ensuite en carré, au centre duquel se plaça ledit roi. Puis ils tournèrent quatre fois autour de lui au galop et avec le cérémonial qui leur est particulier. Cela fait, le roi leur dit, par l'organe de son interprète Santos Culinau, qu'il venait les aider à reconquérir leurs droits usurpés par le gouvernement chilien, et empêcher celui-ci de fonder aucun

pays tous les éléments de la civilisation, la religion, l'instruction, l'agriculture, le commerce, l'industrie et les arts, et qui trancherait la question de paix avec le Chili.

Mon interprète fut chargé de me répondre qu'on agréait ma proposition et qu'on était prêt à la traduire en fait.

Alors je déclarai que, depuis un an, j'avais pris le titre de roi d'Araucanie, avec l'adhésion enthousiaste de plusieurs caciques du sud, ainsi que de Magnil. Je terminai en demandant la consécration de mon pouvoir, ce qui me fut accordé sur l'heure, avec les plus grandes démonstrations de joie.

Après cette proclamation, je criai et l'on cria : VIVE L'UNION DE TOUTES LES TRIBUS, SOUS UN MÊME CHEF ET UN MÊME DRAPEAU! VIVE LA PAIX AVEC LE CHILI! — Dans les quatre assemblées qui eurent lieu successivement, je tins le même discours.

établissement au delà du Bio-Bio, ce qu'il avait entrepris contre tout droit.

Il leur dit ensuite que, sans intérêt personnel, il se constituait leur père à tous, qu'ils le nommassent roi et qu'il leur serait donné bientôt d'apprécier l'homme acclamé par eux.

Ce discours achevé, il tendit au cacique Peoucon un drapeau tricolore, ajoutant qu'il fallait être prêt à mourir avec lui et ne jamais reculer.

Il tendit un autre drapeau au cacique Lcviou et l'exhorta de même. De plus, il leur commanda de se présenter avec leur drapeau à l'assemblée générale qui devait se tenir quelques jours après.

Tous crièrent : VIVE LE ROI! Mais, comme ils poussaient ce cri leur chapeau sur la tête, le roi leur ordonna de ne plus prononcer son nom sans se découvrir, ou sans le saluer de la main droite, s'ils étaient tête nue; et tous de répéter : VIVE LE ROI! en se conformant à l'injonction qu'ils avaient reçue.

Lorsqu'ils se furent retirés, le roi retourna à la maison de Lorenzo Lopez, où il était logé.

Le jour suivant, il gagna Quicheregua, résidence du cacique Millavil, et là, par l'intermédiaire de Santos Qualiman, tint le même langage à cinquante In-

diens qui y étaient rassemblés. Il quitta cette résidence le lendemain pour traverser le Traguien (1)
et se rendre à la maison du cacique Namoncura,
accompagné du cacique Millavil et de son interprète
Santos Quilaman.

Le témoin répare ici une omission qu'il a faite,
dans le compte rendu de la réunion précédente, où
le roi lut une proclamation classée sous le n° 2,
et qui fut expliquée aux Indiens par l'interprète..

Arrivé à la maison de Namoncura, il fit desseller ses
chevaux et s'éloigna à la distance d'une cuadre (environ cent mètres). Pendant qu'il se promenait sur le
sommet d'un coteau, Quilaman et Lopez engageaient
le cacique Namoncura à l'accueillir comme le défen-
seur et le protecteur de toute l'Araucanie. Le cacique
n'y consentit que de mauvaise grâce; pourtant, le
roi resta chez lui un jour, mais il ne put obtenir de
lui autre chose que de dépêcher un courrier au
cacique Guentucol, pour annoncer à ce dernier l'arrivée de son roi, et pour demander la convocation des
caciques et délégués, à qui il voulait communiquer
ses intentions.

---

(1) Rivière qui a donné son nom à une tribu.

Le cacique Guentucol répondit qu'il soupçonnait cet homme d'être quelque diable envoyé par le gouvernement chilien pour jouer le rôle d'espion. Néanmoins il se chargea de faire la convocation demandée. Déjà il avait envoyé des courriers aux Guilliches, pour recommander aux caciques qui ne pourraient pas assister à la réunion de se faire représenter par leurs mocetons, avec mission de prendre les ordres du roi.

Le lendemain, celui-ci quitta le cacique Namoncura et se rendit à l'assemblée, qui était réunie à quatre lieues au sud de la maison de Guentucol. Les Indiens se formèrent aussitôt en carré et prirent langue avec le roi, qui se tenait au milieu d'eux, et qui, par l'intermédiaire de ses interprètes Lopez et Quilaman, leur répéta ce qu'il avait dit dans les réunions antérieures. Ensuite il demanda qu'on lui fournît toutes les forces disponibles pour se transporter sur les bords du Bio-Bio et détruire tous les établissements illégalement formés.

Il signala les actes et les projets du gouvernement chilien, qui était en train de réédifier Negrete, qui demain occuperait Angol et qui continuerait jusqu'au bout l'usurpation des terres. Le cacique Guentucol répondit, au nom de tous les membres de l'assemblée qu'il présidait, qu'on l'agréait pour roi; que, lui, il mettait à sa disposition, sur l'heure, douze mille hommes, qu'il pouvait compter sur trente mille, et qu'on lui demandait, pour toute faveur, d'envoyer à l'extrémité des terres le cacique Catrileo, qu'on ne pouvait plus souffrir, tant il était *diable* (1).

Le roi répliqua qu'aussitôt qu'il serait reconnu par l'Araucanie entière, il aviserait, et l'on se sépara.

Le roi retourna chez le cacique Millavil, qui l'accompagnait toujours, avec ses deux interprètes et avec une suite de caciques notables. Il y demeura une journée, puis partit pour Canglo et s'arrêta chez le cacique Leviou.

Chemin faisant, il confia à l'interprète Santos Quilaman son projet de convoquer dans la huitaine, à Angol, un nombre considérable d'Indiens, pour s'entendre avec eux dans une assemblée générale et se transporter sur les bords du Bio-Bio, où il proposerait au gouvernement chilien un traité fort avantageux pour l'Araucanie, d'après lequel il ne céderait pas la plus petite parcelle de terrain et maintiendrait les droits des Araucaniens sur la frontière léguée par leurs ancêtres.

Quilaman, ami du témoin, lui raconta cette confi-

(1) Les Indiens ont ce chef en exécration, parce qu'il s'est vendu aux Chiliens.

dence tout au long; et le témoin, dévoué à son pays, rapprochant ce qu'il savait de ce que lui avait dit l'interprète Quilaman, n'eut pas de peine à comprendre que le roi voulait introduire la rébellion en Araucanie et déclarer la guerre au gouvernement chilien.

Alors il supplia Quilaman de ne plus servir ce roi, et adressa la même prière à Lorenzo Lopez, qui résolut avec lui, si l'on peut parler ainsi, de le trahir. Les interprètes se placèrent tout de suite en arrière, et le roi s'avança dans la direction de Canglo avec le témoin. Il y resta un jour, puis se rendit à la maison du cacique Melin, à qui il tint le même langage qu'aux autres et communiqua son plan. Le cacique entra dans ses idées, lui offrit deux mille Indiens et l'engagea à aller voir le cacique de la frontière, Juan Trintre, pour convenir du jour de la réunion générale à Angol.

Le témoin envoya immédiatement un exprès, avec une lettre pour son capitaine Cartes, dans laquelle il l'avertissait que le roi avait excité à la révolte les Indiens, et suppliait son capitaine de remettre cette lettre à l'autorité compétente, afin qu'on envoyât une force suffisante pour s'emparer du roi.

Au lieu de conduire ce dernier chez le cacique Juan Trintre, il le mena, par ruse, du côté de la rivière Malleco. Alors le roi lui demanda où était la maison du cacique. Le témoin qui s'était entretenu sur les bords de cette rivière avec le domestique qui avait porté sa lettre à Nacimiento, lui avait dit que la force armée venait prendre le roi et qu'elle était très-proche.

Il continua d'abuser celui-ci et le mena promener au soleil, sous des poiriers qui sont de ce côté de la rivière. Peu de temps après, la partie qu'on attendait arriva, se saisit du roi et le remit à l'autorité de Nacimiento. Le témoin ajoute que, pour écrire sa lettre qui est classée sous le n° 3, il eut besoin, ne sachant pas tenir une plume, de l'aide d'un ami.

Il avait résolu, avec l'interprète, d'abandonner le roi et de faire en sorte qu'il tombât entre les mains de la justice. Tout ce qu'il a dit dans sa déposition, il l'a vu ou entendu. Les autres Indiens qui peuvent aussi en déposer se trouvent en Araucanie. Quant à lui, il n'a plus rien à ajouter, et ce qu'il a déclaré, il l'a fait conformément au serment qu'il a prêté de ne dire que la vérité.

Le témoin, ne sachant signer, fait une croix. C'est pourquoi sa déposition n'est suivie que des signatures du ministère public et du greffier.

Signé : ESTEVAN CAMINO.

Devant moi,

MARCO RIVEROS, greffier.

PREMIER INTERROGATOIRE.

Nacimiento, le 6 janvier 1862.

Je fis venir devant moi (1) celui qui s'intitule roi d'Araucanie et se qualifie d'Orllie-Antoine Ier, lequel promit de dire la vérité sur les faits invoqués dans son interrogatoire.

DEMANDE. — Quels sont vos nom, âge et profession ?

RÉPONSE. — Son nom actuel est celui qu'il a pris lorsqu'il a été proclamé par les Araucaniens; il porte, dans sa famille, le nom et le titre de prince Orllie-Antoine de Tounens. Son âge est trente-six ans; il est sans profession et s'intitule roi d'Araucanie.

D. — Connaissez-vous la cause de votre emprisonnement?

---

(1) C'est ESTEVAN CAMINO qui parle.

R. — Il l'ignore; il n'a rien fait pour donner au Chili le droit de se saisir de lui. Conséquemment il croit que le gouvernement a violé le droit des gens dans sa personne, lui ôtant la faculté qu'a tout homme libre de voyager d'une extrémité de l'Amérique à l'autre, pourvu qu'il ne trouble pas l'ordre public. Il pense qu'on a lésé en lui non-seulement le citoyen libre, mais l'élu des Araucaniens.

D. — Faites-nous une relation détaillée et exacte de vos pas et démarches, et de vos entrevues avec les Indiens, depuis votre départ du Chili jusqu'à votre arrestation.

Dites pourquoi vous êtes allé à la terre, et rapportez tous les incidents de vos excursions.

R. — Il y a environ un an qu'il se rendit sur les bords du fleuve Impérial, à près de quarante lieues au nord de Valdivia. Là, après avoir consulté plusieurs caciques sur son projet de fonder, en Araucanie, une monarchie constitutionnelle, et après avoir obtenu leur adhésion, il prit le titre de roi d'Araucanie et en avisa le gouvernement chilien qui ne lui fit aucune réponse.

Il alla ensuite à Valparaiso où il séjourna neuf mois; après, il se rendit à Nacimiento, où il arriva le 19 décembre dernier, avec l'intention d'aller en Araucanie et s'y faire nommer roi. Il partit effectivement pour la terre, le 22 du même mois, accompagné de son domestique, J.-B. Rosales, à qui il convint de donner 15 piastres, à la condition que celui-ci le mènerait chez le cacique Guentucol; mais, arrivés là, Rosales objecta que son salaire était trop minime, et alors, pour le contenter et l'encourager à l'accompagner plus loin, le roi lui fit le billet de 50 piastres classé sous le n° 1.

Il s'arrêta, en premier lieu, sur les bords du Renaico; le jour suivant, il se remit en marche et gagna la maison de l'Indien Lorenzo Lopez, qui lui servit d'interprète auprès du cacique Leviou. Dans cette première entrevue, il fit entendre au cacique qu'il fallait rassembler tous les Indiens qui dépendaient de lui, pour leur communiquer l'objet de sa proposition.

Cette réunion eut lieu deux jours après. Le roi dit aux assistants, par l'entremise de son interprète, qu'il était venu pour qu'ils le reconnussent roi d'Araucanie, et que, cette reconnaissance faite, il entrerait en pourparler avec le gouvernement chilien et lui proposerait un traité de paix. Sa motion fut unanimement approuvée et l'assemblée se sépara au cri de : *Vive le roi!* Le lendemain, les Indiens se réunirent au nombre de deux cents environ, sous les ordres de leurs caciques respectifs. Il vint au milieu d'eux avec ses interprètes et son domestique, et, par l'organe de l'interprète Santos Culinau, tint le même discours qu'à la réunion antérieure ; puis, après avoir distribué aux caciques Melin et Leviou deux drapeaux aux couleurs bleue, blanche et verte, il se rendit chez le cacique Millavil, accompagné de son domestique, de l'interprète Lorenzo Lopez, du cacique Leviou et de son fils. Millavil avait déjà réuni une soixantaine d'Indiens. Il leur parla toujours dans les mêmes termes, par l'intermédiaire de Santos Quilaman, qu'il trouva sur les lieux.

Les Indiens le reconnurent roi, avec des *vivat!*

Il prit ensuite la direction de la demeure du cacique Guentucol, et passa la nuit chez le cacique Namoncura. Le lendemain, il arriva chez Guentucol qui, le jour suivant, le mit en présence de trois cents Indiens venus de tous côtés, et qui, comme les autres, applaudirent bruyamment à ses paroles. Guentucol, lui promit de les transmettre à tous les Indiens des frontières. Cela terminé, le roi revint à Canglo, et s'arrêta près de la maison de Leviou ; puis passa un jour chez Lorenzo Lopez. De là il se dirigea sur Angol pour s'aboucher avec le cacique Juan Trintre.

Il croit que son domestique le conduisit, par trahison, de ce côté du Malleco, sous un bouquet de poiriers, où, vers une heure après midi, il fut appréhendé au corps par les forces qu'avait envoyées, la veille, les autorités chiliennes.

Cette troupe lui prit tout ce qu'il possédait, armes, papiers et effets, et le menaça de ses propres armes. Il fut mené devant les autorités, et son équipage fut visité par M. le gouverneur qui garda le tout. Après on l'enferma dans ce fort (1).

Il ajoute qu'il se rendait à Angol, chez le cacique sus-nommé, pour correspondre de là, par l'entremise de Lorenzo Leiton, avec le gouvernement chilien, lui demander qu'il le reconnût roi d'Araucanie et lui proposer un traité de paix.

D. — Déclarez s'il est vrai que, dans toutes vos entrevues avec les Indiens, vous vous êtes efforcé, par l'organe de vos interprètes, de les exciter à la rébellion, les conviant à disperser les populations établies de l'autre côté du Bio-Bio, tenant enfin des discours

(1) La forteresse de Nacimiento.

propres à enflammer les tribus ignorantes et sauvages de l'Araucanie.

R. — Si, dans ces entrevues, il lui est échappé des
paroles séditieuses, il ne s'en souvient pas (1). Son
intention n'a pas été de pousser à la guerre contre
le gouvernement du Chili ; au contraire. Il espérait
tout arranger, par les traités dont il a parlé. Il en
avait déjà avisé le gouvernement et l'avait averti
qu'il comptait rassembler à Angol un nombre d'Indiens suffisant pour le faire respecter comme roi.

D. — Sur quelles ressources pécuniaires comptiez-
vous pour réaliser ces projets?

R. — Il pensait contracter un emprunt avec un des
gouvernements d'Europe ou avec un banquier, après
avoir été reconnu par tous les États. Ensuite il aurait
réuni ses troupes et, pour leur instruction, fait venir
d'Europe des officiers. Il termine en disant qu'il n'a
rien à ajouter et qu'il n'a rien articulé que de vrai. Il
a signé avec le ministère public et le présent greffier.

Je signe sous toutes réserves.
Signé : ORLLIE-ANTOINE, Ier.
Signé : ESTEVAN CAMINO, ministère public ;
devant moi, MARCO RIVEROS greffier.

(1) J'ai parfaitement affirmé que je n'avais prononcé aucune parole,
je ne dirai pas séditieuse, mais belliqueuse.

LETTRE DU COMMANDANT D'ARMES DE NACIMIENTO AU COMMAN-
DANT GÉNÉRAL D'ARMES DES ANJELES.

Nacimiento, 6 janvier 1862.

Depuis que j'ai fait part à Votre Seigneurie des
avis que m'avaient donnés des commerçants et
autres personnes qui venaient de la terre, des ma-
nœuvres employées par celui qui s'intitule roi d'A-
raucanie pour tourner les Indiens contre le gouver-
ment et ce qui est établi, des nouvelles plus alar-
mantes me sont arrivées coup sur coup jusqu'au 4.

Au moment où j'allais envoyer aux Anjeles un
exprès pour rendre compte à Votre Seigneurie de ce
que j'avais appris avant trois heures du soir, je reçus
un exprès qui m'était adressé de Canglo avec une
lettre du domestique qui, de Nacimiento, avait accompagné le Français-roi ; à cette lettre étaient jointes
trois valeurs souscrites par Orllie-Antoine Ier, en qualité de roi, et le domestique avait chargé son intermédiaire de me dire qu'il était très-inquiet des intel-
ligences qu'Orllie s'était ménagées chez les Indiens et
des dispositions de ceux-ci en sa faveur, mais qu'il
espérait, avec mon concours et l'aide de quelques
hommes résolus, pouvoir s'emparer d'Orllie dans le

Malleco, où, le 4, à trois heures du soir, il devait arriver pour traiter avec le cacique Trintre, convoqué par Melin.

Comme Votre Seigneurie peut le voir, les circonstances étaient difficiles, et il fallait prendre une détermination rapide, parce que, son entrevue terminée, Orllie rentrait dans l'intérieur pour y achever ce qu'il avait commencé avec les caciques qu'il avait gagnés

Je craignais de compromettre l'existence des hommes chargés de prêter main-forte à J.-B. Rosales, celui qui m'envoya l'exprès avec les précieuses instructions. Il fallait tourner les Indiens pour arriver jusqu'au lieu choisi pour l'embuscade. Cependant je résolus d'envoyer, avec les instructions les plus calculées, une petite partie (1), pour aider Rosales à surprendre Orllie, et des bords du Malleco le conduire dans cette place.

Le 4, à neuf heures du soir, don Lorenzo Villagra, le lieutenant de police Quintana, un caporal et cinq soldats de la cavalerie civile sortirent de Nacimiento pour ce coup de main; ils devaient aller se joindre à don Carlos Tesan, que suivaient déjà

(1) Un détachement.

deux domestiques. J'ordonnai qu'à partir de Tal-
pan, un soldat de la partie s'avançât pour avertir
Rosales qu'on venait à son aide, et qu'ensuite un
autre courût savoir le résultat du signal donné.
Pendant ce temps, les autres devaient marcher en se
dissimulant et à distance, mais pourtant de façon à
pouvoir se porter secours en cas d'attaque.

Le premier éclaireur annonça au second que
Rosales entretenait Orllie sous les poiriers et près
d'un endroit planté de roseaux, mais qu'il y avait
quelques Indiens à côté d'eux.

La partie s'étant avancée sans bruit, après avoir
assuré ses derrières, Quintana se précipita sur Orllie,
se saisit de son épée, et, l'ayant obligé à monter à
cheval, l'entraîna avec une vitesse plus qu'ordinaire.
Hier, à six heures du soir, le roi d'Araucanie entrait
à Nacimiento, au milieu d'une foule qui s'apitoyait sur
le sort d'un insensé, dont les rêves auraient pu
plonger dans les plus grandes calamités les Indiens
ignorants et enclins à prendre pour des réalités la
fable et le mensonge.

Orllie mis au secret, je fis procéder à l'instruction
de son affaire, et j'en envoie le détail à Votre Seigneurie, ainsi que l'inventaire de son équipage, dans

lequel on a trouvé deux drapeaux semblables à ceux qu'il a distribués aux caciques, et quantité de papiers comprenant des proclamations, des lettres, des projets de constitution, et des pétitions adressées de France à l'effet d'obtenir des emplois dans la nouvelle France.

N'étaient l'ignorance, le fanatisme et les préventions des Indiens, cette tentative ne m'aurait paru d'aucune gravité.

Lecture faite de tous ces papiers, je m'applaudis de m'être emparé d'un homme aussi supérieur, capable de capter des esprits avec cette chimère, la fondation d'une nouvelle France.

Orllie reçoit le meilleur traitement possible, c'est-à-dire avec toutes les atténuations que permettent les nécessités de sa situation. On lui a restitué tout ce qu'on lui avait enlevé, moins les papiers, que j'enverrai demain avec le prisonnier à Votre Seigneurie, aux Anjeles.

Pour que Votre Seigneurie, si elle le juge à propos, puisse instruire la cause et ordonner le payement des frais, je porte à sa connaissance que, jusqu'à ce jour, et sans compter les dépenses qu'occasionnera la translation d'Orllie, j'ai déboursé cinquante piastres.

J'ai cru juste de récompenser largement la bonne

volonté, le dévouement et l'habileté de Lorenzo Villagra, qui s'est si bien tiré de cette entreprise. J'ai donné dix piastres à Rosales, et aux civils une gratification correspondante.

Bientôt, je transmettrai à Votre Seigneurie ce que j'aurai appris de nouveau relativement à l'équipée du roi d'Araucanie.

Dieu garde Votre Seigneurie!

Signé : Manuel A. F AES. »

LETTRE DU MÊME AU MÊME.

Nacimiento, le 7 janvier 1862.

Je mets, sous bonne escorte, à la disposition de Votre Seigneurie, le prince de Tounens. Le chef de la partie est le même Rosales qui a contribué si efficacement à la capture de Tounens, dont la présence prolongée à l'intérieur aurait été si préjudiciable.

J'envoie en même temps à Votre Seigneurie l'instruction que j'ai fait commencer contre lui, ainsi que tous les papiers trouvés dans son portefeuille et dans son équipage.

Dieu garde Votre Seigneurie!

Signé : Manuel A. F AES. »

CHAPITRE V.

Le même jour, 7 janvier, on m'expédia aux Anjeles, entre quatre cavaliers ayant à leur tête un de ceux qui m'avaient vendu, mon propre domestique, lequel s'était adjugé mon cheval, une excellente monture, et m'avait repassé le sien qui était de la pire espèce. Ces cavaliers étaient armés d'un sabre et d'une carabine, fermée par un liége et ornée d'un bouquet de rubans rouges. Quant à mes effets, ils suivaient, transportés à dos de mulets.

Il nous fallut fendre une foule serrée, composée surtout de femmes, qui s'écrièrent : « Puissiez-vous être bientôt libre ! » Je les remerciai avec attendrissement, et elles ajoutèrent : « Est-il possible de donner un si mauvais cheval à un aussi brave seigneur ! » Force fut de le changer à moitié chemin, car il refusait le service ; et je ne tardai pas à me féliciter d'avoir été si mal monté. Rosales, mon ancien domestique, entra chez un propriétaire pour emprunter un cheval, et tandis qu'on allait le chercher aux champs, on me fit entrer aussi chez M. Zerano : c'était le nom de ce propriétaire. M. Zerano m'apprit qu'il était le beau-père du consul de France à Concepcion. Je lui demandai alors s'il voudrait faire parvenir une lettre de moi à son gendre, et, sur sa réponse affirmative, je m'empressai d'écrire brièvement ce que j'avais fait, ce qui m'était arrivé, et la situation dans laquelle je me trouvais. Je terminai en priant le consul de faire part du tout, au plus vite, au chargé d'affaires de France à Santiago, et, en attendant l'intervention de ce dernier, de profiter de sa proximité des Anjeles pour intercéder lui-même en ma faveur.

Au moment où je remettais ma lettre à M. Zerano, arriva le cheval qui m'était destiné, et qui était de bonne race.

Nous arrivâmes aux Anjeles à la tombée de la nuit ;

et je demandai à parler sur l'heure à l'intendant (sorte de préfet). Ce fonctionnaire traversait la cour en même temps que moi :

— Parlez-vous français? lui dis-je.

— Je l'entends un peu, répondit-il; mais je ne sais pas le parler.

Il appela alors M. Sotomayor, qui se trouvait à l'intendance : c'était un officier chilien, presque aussi familier avec notre langue qu'avec la sienne. Avant qu'il parût, je dis à l'intendant que nous pouvions nous entretenir en espagnol. Lorsque M. Sotomayor entra, j'avais déjà entamé la conversation, ou plutôt commencé l'attaque, car je prenais le ton ferme et haut d'un homme fort de son droit et indigné de la conduite du gouvernement chilien. Nous nous étions rencontrés, M. Sotomayor et moi, à Valparaiso, dans la loge maçonnique chilienne. Je ne me souvins pas de l'avoir vu; lui me reconnut, mais sans le faire paraître, afin de pouvoir plus efficacement me servir.

Après une altercation assez vive entre l'intendant et moi, je fus remis aux mains de mes gardes, qui me firent sortir au milieu d'une haie de curieux que le bruit de mon arrivée, qui avait couru en ville, avait amenés aux abords de l'intendance, et qui m'accompagnèrent jusqu'à la prison.

Cette prison n'était autre qu'une énorme salle de onze mètres de long sur sept de large, très-haute de plafond, — si l'on peut appeler plafond le toit qui la surmontait, — et dont le pavé en briques était de deux marches au-dessous du sol de la cour. Le soleil n'y pénétrait jamais : il y régnait une humidité glaciale.

Le soir de mon installation, quatre prisonniers, conduits par le geôlier, déposèrent le battant d'une énorme porte, qu'ils placèrent dans un coin sur deux solives, et sur lequel j'étendis un matelas qui m'avait servi en Araucanie et que j'ai conservé. Telle fut ma demeure et tel fut mon lit, pendant neuf mois et trois jours.

On espérait que ce tombeau ne renfermerait bientôt plus qu'un cadavre, et, si j'en sortis vivant, ce ne fut que grâce à ma vigoureuse constitution.

Ma santé ne tarda pas à s'ébranler, et une maladie des plus graves me tint cloué cinq mois sur mon grabat. Je restai un mois et demi privé de connaissance, en proie à une fièvre qui littéralement m'enlevait, et sans aucun secours : frissonnant ou transpirant, je n'avais pour humecter mes lèvres qu'un pot d'eau froide que m'apportait un prisonnier.

Ce n'était pas le seul être qui m'approchât.

Je voyais errer autour de moi des fantômes chargés d'aggraver par la terreur le mal qui me minait.

Mais, tout affaissé que je fusse, je n'étais pas homme à m'effrayer de ces apparitions.

Enfin la fièvre me laissa quelque répit, puis disparut entièrement. J'étais sauvé, mais à quel prix! J'étais réduit, sinon à l'état de cadavre, du moins à l'état de squelette.

Cette fois, j'eus réellement peur à la vue de ma figure amaigrie, et que faisait paraître plus blême encore l'ébène de ma longue chevelure et de ma longue barbe. Bientôt mes cheveux tombèrent, et tombèrent si dru, que je me crus menacé d'une complète calvitie. Je me fit raser la tête, et ils repoussèrent aussi épais et aussi noirs qu'auparavant.

J'avais cessé, depuis un mois et demi, d'écrire sur le petit registre qui me tenait lieu de journal. J'avais perdu le fil de la vie courante et j'étais imaptient de le ressaisir.

A peine eus-je la force de descendre de mon grabat que je me traînai jusque chez le geôlier, pour m'informer du jour de la semaine et de la date du mois, que marquait le calendrier.

Mais le souvenir des souffrances que j'ai endurées m'a fait précipiter mon récit. Je crois devoir le reprendre au moment où je mis le pied dans la prison des Anjeles.

En attendant qu'on préparât la salle qui m'était destinée, l'officier de service m'invita à entrer au corps de garde, et mit un soldat à ma disposition pour les commissions que j'aurais à faire faire. Je le remerciai avec une vive reconnaissance, et le priai de me fournir de l'encre et du papier, car on m'avait tout enlevé, excepté mon atlas et mon dictionnaire français-espagnol. Il s'empressa de me satisfaire, et, m'étant assis sur mon lit, qui s'élevait de trente centimètres au-dessus du pavé, je plaçai l'atlas sur mes genoux en guise de pupitre et je me mis à écrire plusieurs lettres, dont une était adressée au chargé d'affaires de France à Santiago.

N'ayant ni le temps ni le papier suffisants, je ne pus en garder copie, précaution dont je ne me départis pas plus tard. Le lendemain, j'envoyai mes lettres au courrier par le soldat délégué par l'officier pour cet usage; mais mon émissaire revint

avec mes dépêches, en me disant que le directeur
de la poste lui avait objecté qu'étant au secret,
toute communication extérieure m'était interdite : il
avait eu la maladresse de dire de quelle part venaient les lettres, au lieu de les jeter simplement à
la poste.

Grande était ma perplexité : je tenais beaucoup à
ce que mes lettres partissent, et comment parvenir
à tromper la surveillance qui m'enveloppait ?

Cependant une occasion se présenta bientôt : le
lendemain même, sur ma demande, mon déjeuner
m'arriva du dehors par l'entremise d'un Français, qui
eut la gracieuseté de m'envoyer ma nourriture pendant tout le temps de ma captivité. Les mets étaient
renfermés dans ces petites boîtes en fer-blanc tenues
par un fil de fer dont on se sert dans nos casernes.
On avait eu le soin de ne pas laisser entrer le domestique qui avait apporté mon déjeuner; c'était un soldat, accompagné d'un caporal, qui me l'avait transmis.
Tandis que je murmurais mentalement contre cet
excès de prudence, tout en faisant honneur au déjeuner, l'idée me vint de tirer parti du contenant. J'en-
fermai mes lettres dans un morceau de papier, sur lequel j'avais écrit : « Veuillez faire partir ceci, » et je

mis mon paquet au fond d'une de ces gamelles ; puis j'en plaçai une autre sur celle-ci, en guise de couvercle ; j'ajoutai la troisième par-dessus en la superposant du véritable couvercle, et j'emprisonnai le tout dans le fil de fer.

J'avais fait cette opération en présence de la sentinelle qui ne me quittait pas, mais ne s'aperçut de rien, se promenant sans penser à mal devant ma porte. Je lui fis comprendre par signes que j'avais fini de déjeuner ; et, à son invitation, le caporal de garde parut comme devant avec un soldat, qui emporta les gamelles et les remit au domestique qui attendait.

J'appris quelque temps après que mon petit mot avait produit son effet.

CHAPITRE VI

Le roi devant la justice ordinaire. — Deuxième interrogatoire. — Déposition de Juan Dios Varigna, de Lorenzo Lopez et de Santos Bejar Culinau. — Réquisitoire du ministère public. — Mon testament politique.

Dans les premiers jours de 1862, le préfet des Anjeles rendit le décret suivant :

Anjeles, le 8 janvier **1862.**

Toutes les pièces du procès doivent être remises au juge de lettres, pour qu'il instruise la cause.

Signé : SAAVEDRA, préfet.

Ce magistrat changeait entièrement la marche de la procédure. On se rappelle que le commandant d'armes de Nacimiento m'avait envoyé devant un conseil de guerre; le préfet, en me renvoyant devant la justice ordinaire, me sauvait sans doute la vie, car la justice militaire est aussi expéditive au Chili que partout ailleurs. Cette nouvelle mesure me donnait du temps pour m'occuper de ma libération.

Le décret ci-dessus rendu, le préfet des Anjeles écrivit au juge de lettres :

Anjeles, le 8 janvier 1862.

J'envoie à Votre Seigneurie le compte rendu de l'arrestation de celui qui s'institue roi d'Araucanie, avec l'exposé des motifs qui l'ont déterminée.

J'y joins l'inventaire des pièces à l'appui, pour que Votre Seigneurie en fasse tel usage qu'il lui conviendra. La préfecture que je dirige connaissait les projets de l'individu dont il s'agit, et ses efforts pour soulever les Indiens et les amener à détruire les places fortes des frontières.

Je préviens Votre Seigneurie que la préfecture a donné des ordres pour que les personnes instruites des faits qui établissent le présent délit soient appelées devant le tribunal.

Dieu garde Votre Seigneurie !

Signé : C. SAAVEDRA, préfet.

Le lendemain, le juge me fit appeler devant lui pour procéder à mon interrogatoire ; mais il le remit au jour suivant, sur la demande que je lui adressai de me donner un interprète, et leva le secret auquel j'étais soumis depuis le 5.

DEUXIÈME INTERROGATOIRE.

En la ville des Anjeles, le 10 janvier 1862, a comparu judiciairement un homme qui a promis de dire la vérité, et a déclaré se nommer prince Orllie-Antoine de Tounens ; être né en France, dans le département de la Dordogne ; âgé de 36 ans ; résider au Chili ou en Araucanie depuis le 22 août 1858 ; être célibataire, et sans profession. Il s'intitule roi d'Araucanie.

Il sait lire et écrire ; c'est la première fois qu'il est mis en prison : il a été arrêté comme perturbateur de l'ordre public.

Il fait observer que, quoiqu'il parle l'espagnol, il se rencontre des expressions qu'il n'entend pas.

En conséquence, on lui donne pour interprète don Augustin Krämer, dont la fonction consistera simplement à expliquer ce qui aura paru obscur à l'accusé, et lequel, promet, par serment de transmettre fidèlement les demandes et les réponses chaque fois qu'il en sera besoin.

On lit à l'accusé ce qu'il a dit en présence de l'officier remplissant les fonctions de ministère public, à la date du 6 janvier 1862, et il confesse l'exactitude de ce compte rendu, ne faisant aucune observation, sinon sur le passage qui a trait aux paroles séditieuses qu'on lui attribue à tort.

DEMANDE. — Quel but vous proposiez-vous en vous faisant élire roi d'Araucanie ?

RÉPONSE. — Mon but, purement philanthropique, tendait à civiliser ce pays, en y introduisant la religion, l'instruction élémentaire, l'agriculture et les arts.

D. — Qu'entendez-vous par ce mot : roi ?

R. — Le souverain d'une nation.

D. — Comprenez-vous dans quelle voie vous vous engagiez en vous faisant proclamer roi de la portion d'un pays que régissent des autorités légalement constituées, et en la tirant de cette subordination pour en former un État indépendant ?

R. — Les Araucaniens ne reconnaissent ni ne subissent les lois chiliennes. Je les ai toujours crus indépendants et libres de choisir eux-mêmes leurs mandataires.

D. — Est-il vrai que, dans les réunions où les Indiens vous proclamèrent roi, vous leur affirmâtes que le Bio-Bio était leur frontière légitime; que le gouvernement espagnol l'avait reconnu lui-même; qu'ils devaient se mettre en situation de sauvegarder et de faire respecter le territoire qui s'étend au sud du fleuve; que le gouvernement du Chili commettait des attentats non-seulement en établissant des populations au delà du Bio-Bio, mais encore en plaçant des garnisons et en élevant des forts pour étendre ses usurpations; qu'il était urgent qu'ils se concentrassent pour repousser la conquête et en finir avec les établissements d'au delà du Bio-Bio?

Est-il vrai que vos provocations eurent un plein effet, et que, les Indiens vous ayant proclamé leur roi, chacun des caciques présents vous fit l'offre d'un contingent propre à réaliser vos vues?

R. — C'est faux!

Én cet état de cause comparaît J.-B. Rosales, qui prête serment selon la forme légale, et à qui, en présence de l'accusé, on fait lecture de sa déposition. Il la déclare parfaitement exacte dans

6

toutes ses parties, et dit qu'il persiste dans ses allégations. Il ajoute que l'accusé dit aux Indiens que les seules forces du gouvernement chilien consistaient en celles qui se trouvaient à Santa-Barbara, à San-Carlos, à Nacimiento et à Arauco ; qu'à Santiago il n'y avait d'autres forces que la police et la garde civile ; qu'on s'emparerait facilement de Santiago ; enfin, que les caisses n'étaient pas en mesure de soutenir la guerre, épuisées qu'elles étaient par les dépenses faites par M. Montt (1).

Interrogé sur ce point, l'accusé répond que le témoin a dit vrai lorsqu'il a parlé des réunions dans lesquelles les Indiens l'ont proclamé roi ; mais qu'il n'a jamais tenu les propos que celui-ci lui prête sur les usurpations de territoire commises par le gouvernement chilien et sur la dispersion des populations des frontières.

Son but a été uniquement, une fois proclamé roi d'Araucanie, de conclure un traité de paix avec le Chili. Quant à la proclamation manuscrite à laquelle se réfère le témoin, elle s'est réellement trouvée entre ses mains et est sienne ; mais il ne l'a ni lue ni fait lire aux Indiens.

(1) Ancien président de la république chilienne.

Le témoin persiste de nouveau dans ce qu'il a déclaré, et l'interrogatoire de l'accusé est suspendu, pour être continué quand il conviendra.

Après lecture, l'accusé a signé pour l'authenticité; le témoin ne sachant pas écrire, monsieur le juge remplit son office, avec l'interprète. Ce que je certifie ;

Signé : Matus, juge ;

Sous toutes réserves,

Signé : Orllie-Antoine Ier ; Augustin Kramer.

Devant moi,

Signé : Moreno, greffier.

DÉPOSITION DE JUAN DE DIOS VARIGNA, UN DES MARCHANDS CHILIENS QUI SE TROUVAIENT EN ARAUCANIE, LE SEUL TÉMOIN APPELÉ EN DEHORS DE CEUX QUI M'ONT VENDU.

Le 14 du mois de janvier 1862, a comparu judiciairement Juan de Dios Varigna, qui, après avoir prêté serment en la forme légale, déclara ce qui suit :

« Il y a environ quinze jours, étant allé trafiquer avec les Indiens, j'assistais à une assemblée qu'ils tenaient et à laquelle était présent un Français qui se nommait Antoine. Celui-ci dit au cacique Guentucol qu'il venait les aider à défendre la ligne du Bio-Bio, puis, un peu après, il arbora un drapeau, et les Indiens crièrent : *Vivent le drapeau, la paix et le Roi!* Alors je me retirai et j'ignore ce qui arriva ensuite (1). »

Le témoin déclara qu'il ne savait rien de plus, et, lecture faite de sa déposition, il la confirma dans tous les termes. Il déclara de plus qu'il était âgé de cinquante-cinq ans, et s'abstint de signer, ne sachant pas écrire. Monsieur le juge signa, devant moi; ce que je certifie.

Signé : MATUS, juge.

Devant moi,

Signé : MORENO, greffier.

DÉPOSITION DE LORENZO LOPEZ.

« En la ville des Anjeles, les 18 janvier 1862,

---

(1) Je ne connaissais pas ce témoin, et le juge trouva prudent de ne pas le confronter avec moi.

Il a dit la vérité, sauf en ce qui concerne la ligne du Bio-Bio : il m'aura mal entendu ou mal compris.

Les Indiens parlèrent beaucoup du Bio-Bio et de la défense de cette ligne; mais je me contentai de les engager à prendre patience et de leur promettre qu'aussitôt proclamé roi, j'arrangerais le tout amiablement avec le Chili.

Juan de Dios Varigna a déclaré que j'avais fait crier aux Indiens : *Vive la paix!* N'était-ce pas infirmer formellement les assertions de mes accusateurs relatives à mes prétendues provocations? — Lorsque le témoin se retira, tout le monde en fit autant : tout était terminé. Les cris des Indiens avaient clos la réunion.

comparut judiciairement l'indigène *espagnolisé* Lorenzo Lopez, qui prêta le serment légal et déposa en espagnol, comme il suit :

« Il y a environ vingt jours, plus ou moins, se présenta à ma maison, qui est située à Canglo, territoire araucanien, un homme qui se nommait Antoine; il était accompagné de J.-B. Rosales.

Je lui demandai où il allait. — « Chez le cacique Guentucol, me répondit-il, pour lui parler de la prise de possession des terres des Indiens par le gouvernement. »

J'envoyai immédiatement un courrier au cacique Leviou, qui convoqua une réunion à ce propos. Les Indiens rassemblés, le roi parut au milieu d'eux, et leur dit, par l'organe de Santos Culinau et en ma présence, qu'il était monté à cheval pour venir se faire reconnaître roi par eux; que le gouvernement n'avait d'autres forces que celles qui se trouvaient à Nacimiento, aux Anjeles, à Santa-Barbara et à Arauco; qu'il n'avait pas de troupes plus en avant, et qu'il n'avait pas d'argent pour en payer, les caisses étant vides; que lui il venait de France pour prendre en main la défense de leur territoire, en qualité de roi d'Araucanie, et qu'il était porteur de vingt mille

piastres ; que le gouvernement avait déjà mis des garnisons dans Negrete et dans Cochento, et qu'il avan-
cerait toujours davantage, jusqu'à ce qu'il eût tout
envahi ; que, pour ce motif, il y avait nécessité de
disperser promptement ces forces, afin de délivrer
leur territoire.

Il lut aussi divers papiers.

Les Indiens, après l'avoir entendu, l'élurent roi.

Une autre réunion eut lieu à Quicheregua, résidence
du cacique Millavil ; elle fut la répétition de la première,
ainsi que celle qui se tint chez le cacique Guentucol.

Il est certain qu'en Araucanie tout le monde le
reconnaît pour roi et qu'on ne parlait que de lui : on
disait qu'il était venu du ciel.

Quilaman me dit en secret, qu'habituellement on
faisait escorte au roi, et qu'on transmettait toutes ses
conversations. « Cet homme, me dit-il, cherche à
soulever les Indiens et à leur faire déclarer la guerre
aux Espagnols. » J'en parlai sur l'heure à Rosales,
pour qu'il en donnât avis au gouverneur de Nacimiento.

Nous continuâmes de rester avec lui, et, sous prétexte de lui faire tenir une assemblée à la résidence
de Juan Trintre, nous l'amenâmes, par tromperie, sur

les bords du Malleco, où se trouvaient six cavaliers civils, envoyés à sa recherche par le góuverneur de Nacimiento et qui s'emparèrent de sa personne.

Ce qu'apprenant, les caciques furent saisis d'effroi.

Je dois ajouter que, dans les diverses réunions organisées par les caciques, Guentucol, Quilapan et autres offrirent au roi neuf mille Indiens pour atta- quer Negrete, Nacimiento et la côte, et disperser tous les Espagnols qui se trouveraient de l'autre côté du Bio-Bio, comme le roi l'avait proposé lui- même.

Ils lui promirent de mettre ces forces à sa disposi- tion dans le délai de six jours ; mais ils commencèrent à le tenir en suspicion, quand le cacique Quilapan leur dit que le projet du roi était de faire la guerre à tous les Chiliens, pour les chasser de leurs terres et res- ter le seul maître. »

En cet état de cause, on fit comparaître l'accusé Orllie-Antoine Ier, lequel, ayant promis de dire la vérité, fut confronté avec le présent témoin. Inter- rogé sur la déposition de ce dernier, il répondit : « Je connais le témoin qu'on me présente : il s'appelle Lo- renzo Lopez. Avant qu'on me lise sa déposition, je le récuse, pour m'avoir servi d'interprète et être un

·de ceux qui m'ont vendu. Ce qu'il a dit est mensonger;
je me réfère à ce que j'ai dit moi-même. »

L'accusé reconnaît seulement qu'il vint chez le
témoin, comme celui-ci l'a déclaré. Au lieu de trois
réunions qu'il a signalées, il y en eut quatre. Dans
les deux que tinrent les caciques Millavil et Guentucol, ce fut Quilaman qui servit d'interprète.

Après se termine cette séance, l'accusé et le témoin
ayant déclaré qu'ils persistaient dans leurs affirma-
tions. Le témoin dit être majeur et ne pas savoir
écrire. L'accusé signe avec monsieur le juge; ce que
je certifie.

Signé : Matus juge;

Sous toutes réserves,
Signé : Orllie-Antoine Ier.

Devant moi,
Signé : Moreno, greffier.

DÉPOSITION DE JOSE SANTOS BÉJARD,
DIT CULINAU.

Immédiatement a comparu judiciairement Jose
Santos Béjar, dit Culinau, lequel, après les formalités légales, deposa en ces termes :

« Il y a environ un mois, je me trouvais dans une réunion d'Indiens qui avait lieu à la résidence du cacique ⎸Leviou. Là, je vis pour la première fois un étranger qui disait se nommer Antoine. Il voulait parler aux Indiens, et, comme il ne connaissait pas leur langue, je fus invité par le cacique Leviou à lui servir d'interprète; ce que je fis. Et voici ce que dit celui qui s'intitule roi, plus ou moins :

« Je viens protéger votre territoire contre l'envahissement graduel du gouvernement chilien, qui déjà occupe avec ses forces Negrete et Cochento. J'ai vingt mille hommes pour vous aider à défendre la ligne de frontière marquée par le Bio-Bio. Angol occupé, je correspondrai avec le gouvernement, et, si nous ne pouvons obtenir la paix, je chasserai la troupe espagnole de l'autre côté du fleuve. L'occasion est bonne, le gouvernement manque d'argent et ses troupes manquent de tout. »

A l'instant même, les Indiens le proclamèrent roi et lui offrirent des forces. Depuis, je ne le revis plus que lorsqu'il revint de son entrevue avec les caciques Millavil et Guentucol.

Sachant que son projet était de soulever les Indiens contre le gouvernement, j'en prévins J.-B. Rosales, qui l'accompagnait en qualité de domestique; et nous résolûmes tous deux d'en aviser le gouverneur de Nacimiento. Cela fait, nous nous entendîmes pour l'amener, par tromperie, sur les bords du Malleco, où il fut pris par les forces de Nacimiento. »

En cet état de cause, on fit comparaître l'accusé, qui promit de dire la vérité et qui, confronté avec le témoin, déclara qu'il le connaissait pour l'avoir employé comme interprète dans l'assemblée tenue près de la maison du cacique Leviou, et qu'il le récusait pour les mêmes motifs que Lopez.

La déposition du témoin lui ayant été lue, il dit qu'il se renfermait absolument dans ses précédentes déclarations.

Après se termina cette séance, le témoin ayant dit qu'il ne savait pas l'âge qu'il avait (sa physionomie indiquait qu'il était au moins majeur), et qu'il ne savait pas signer. L'accusé signa avec monsieur le juge; ce que je certifie.

Signé : MATUS, juge;

Sous toutes réserves,

Signé : ORLLIE-ANTOINE Ier.

Devant moi,

Signé : MORENO, greffier.

DÉCRET DU JUGE QUI ORDONNE LA COMMUNICATION DES PIÈCES
AU MINISTÈRE PUBLIC, POUR QU'IL PRENNE SES CONCLUSIONS :

Les Anjeles, le 18 janvier 1862.

Communication soit donnée à l'agent public.

Signé : MATUS, juge.

devant moi,

Signé : MORENO, greffier.

NOTIFICATION QUI ME FUT FAITE DU DÉCRET PRÉCÉDENT :

Les Anjeles, le 18 janvier 1862.

En présence du geôlier, je notifiai ledit décret l'accusé Orllie-Antoine Ier; ce que je certifie.

Signé : RUIZ, huissier (1).

NOTIFICATION DU MÊME DÉCRET A L'AGENT PUBLIC.

Le 20 janvier 1862, je notifiai ledit décret à monsieur l'agent public; de quoi je donne foi.

Signé : RUIZ, huissier.

---

(1) A défaut du greffier ou secrétaire du juge, l'huissier remplit cet office auprès de ce dernier. Le greffier en titre est en même temps notaire, secrétaire du juge, et de plus il notifie, concurremment avec l'huissier, les ordonnances ou sentences. Comme toutes les affaires passent par ses mains, il n'abandonne à l'huissier que celles qui ne rapportent rien. — Lorsque je quittai les Anjeles, le greffier et l'huissier de cette ville étaient en procès devant la cour de Concepcion.

CONCLUSIONS DU MINISTÈRE PUBLIC.

Monsieur le juge de lettres,

Comme le délit dont il s'agit est de ceux qui doivent être jugés par l'autorité militaire, l'agent public soussigné demande que Votre Seigneurie s'abstienne de connaître de la cause et la renvoie à monsieur le commandant général d'armes, en mettant l'accusé à sa disposition.

Signé : MARTINEZ, agent public.

Les Anjeles, le 20 janvier 1862

DÉCRET DU JUGE.

Les Anjeles, le 20 janvier 1862.

Retournez l'affaire à l'agent public, pour qu'il établisse les fondements légaux de son opinion.

Signé : MATUS, juge.

Devant moi,

Signé : MORENO, greffier.

NOTIFICATION DU PRÉCÉDENT DÉCRET.

Le 20 janvier 1862, en présence du geôlier, je

notifiai le décret à l'accusé Orllie-Antoine Ier, ce que je certifie.

Signé : Ruiz, huissier.

AUTRE NOTIFICATION DU MÊME DÉCRET.

Les mêmes jour, mois et an, je notifiai ledit décret à l'agent public; ce que je certifie.

Signé : Ruiz, huissier.

RÉQUISITOIRE DU MINISTÈRE PUBLIC RELATIF A L'INCOMPÉTENCE DE LA JURIDICTION ORDINAIRE.

Monsieur le juge de lettres,

D'après les convictions de ce ministère, Orllie-Antoine Ier doit être jugé par l'autorité militaire.

1° Dans sa proclamation aux Araucaniens, il s'exprime ainsi : « L'énergie héroïque avec laquelle vous combattez pour votre indépendance fait tourner vers vous tous les yeux. Pourtant, faute de connaître les stratagèmes du gouvernement chilien, vous vous laissez subjuguer insensiblement par lui. Ce gouvernement vous a toujours trahis et ne cessera jamais de vous trahir. Il a voté une somme de cinquante mille piastres destinée à reculer ses limites jusqu'au Malleco. Pour l'arrêter dans sa marche et maintenir votre indépendance et votre liberté, je vous offre ma protection et mon aide : si vous les acceptez, je vous fournirai des armes contre vos envahisseurs, et je vous conduirai au champ d'honneur; ayez confiance en moi : jamais je ne vous trahirai. Que toutes les tribus se réunissent sous le même drapeau; qu'elles le respectent et le fassent respecter; enfin qu'elles reconnaissent un chef, et que ce chef porte le titre de roi. »

2° On trouve, numéro 5 du dossier, la lettre de J.-B. Rosales, dans laquelle il est dit qu'Orllie s'est mis en marche pour conquérir les réductions; que son plan est d'être dans le délai de quinze jours sur les bords du Bio-Bio avec tous les Indiens, auxquels il a déclaré qu'aussitôt qu'il serait nommé roi, la France prendrait Santiago, et leurs possessions s'étendraient plus en avant de l'autre côté du Bio-Bio.

3° Numéro 8, on trouve une correspondance écrite en français, à la date du 15 octobre dernier, dans laquelle on complimente Orllie sur son avénement au trône d'Araucanie.

4° Numéros 9, 10, 11 et 12, on trouve la déclaration suivante de J.-B. Rosales (Voir la déposition ci-dessus).

5° L'accusé dit dans son interrogatoire :... (Suit un résumé des déclarations consignées plus haut, p. 58 à 63.)

6° Numéro 16, on trouve la note adressée par monsieur le préfet à Votre Seigneurie et relative au projet de l'individu dont il s'agit, à ses excitations pour soulever les Indiens et les pousser à la destruction des places frontières.

7° Monsieur le commandant d'armes de Nacimiento dit :... (Suit un résumé de sa lettre ci-dessus, p. 64 à 68.)

8° Numéro 19, on trouve l'inventaire des effets appartenant à Orllie.

9° Numéros 20, 21 et 22, on trouve une nouvelle d'éclaration d'Orllie (Voir le deuxième interrogatoire, p. 79 à 83).

10° Numéros 23, 24, 25 et 26, on trouve les dépositions de Lorenzo Lopez et de Santos Bejar Culinau qui corroborent ce que relatent les pièces sus-mentionnées (Suit un résumé de ces dépositions; voir p. 84 à 90).

11° Considérant ce qui précède et ce que contiennent les articles 4, titre LXXIII ; 2, titre LXXVII ; 12, titre LXXIX ; 141 et 143, titre LXXX, de l'ordonnance générale militaire, ce ministère demande que Votre Seigneurie s'abstienne, etc., etc. Nonobstant, Votre Seigneurie prendra la résolution qu'elle croira la plus juste.

Signé : MARTINEZ, agent public.

Les Anjeles, le 24 janvier 1862.

Comme on ne parlait autour de moi que de mon exécution prochaine, je crus devoir rédiger mon testament politique.

Nous, Orllie-Antoine Ier, célibataire, né le 12 mai 1825, au lieu dit La Chaise, commune de Chourgnac, canton d'Hautefort, arrondissement de Périgueux, département de la Dordogne, (France), par la grâce de Dieu et la volonté nationale, roi des Araucaniens et des Patagons ;

Considérant que, par notre ordonnance du 17 novembre 1860, publiée le 29 décembre de la même année dans le journal *le Mercure* qui s'imprime à Valparaiso, nous avons établi en Araucanie une monarchie constitutionnelle avec droit d'hérédité à perpétuité pour nos descendants, et à défaut de descendants, pour les autres branches de notre famille, dans un ordre ultérieurement fixé ;

Considérant que, par notre ordonnance en date du 20 du même mois, et du consentement des Patagons, nous avons réuni la Patagonie à notre royaume d'Araucanie, et lui avons donné la même constitution ;

Considérant que, dans les assemblées publiques tenues dans les tribus régies par les caciques Leviou, Millavil et Guentucol, les 25, 26, 27 et 30 décembre dernier, auxquelles assistaient d'autres caciques délégués par les Araucaniens et les Patagons, lesdites assemblées nous ont proclamé roi, en ratifiant les ordonnances ci-dessus mentionnées ;

Considérant que le gouvernement chilien, ayant appris notre avénement au trône, a résolu de confisquer notre liberté, en gagnant nos interprètes et domestiques, qui, le 5 du courant, nous ont conduit traîtreusement dans une embuscade concertée d'avance avec les autorités ;

Considérant que cet infâme guet-apens, perpétré par une puissance étrangère sans le concours des indigènes qui venaient de nous reconnaître pour roi, n'entame en rien les droits que ceux-ci nous ont conférés ;

7.

Nous croyons devoir régler dès aujourd'hui les droits de succession, en prévision de notre mort, et nous instituons pour nos héritiers à la couronne d'Araucanie et de Patagonie :

Jean de Tounens, notre père bien-aimé; dans le cas de non acceptation de sa part, Jean de Tounens aîné, notre frère bien-aimé; et, à défaut de consentement de ce dernier, son fils, Adrien-Jean de Tounens et ses descendants en ligne directe, à perpétuité;

Dans le cas où notre bien-aimé neveu viendrait à mourir sans postérité, ou que sa ligne viendrait à s'éteindre, nous désignons, en son lieu et place, sa sœur, notre bien-aimée nièce Lida-Jeanne de Tounens et ses descendants en ligne directe, à perpétuité;

Dans le cas où cette dernière viendrait à mourir sans postérité ou que sa ligne viendrait à s'éteindre, nous instituons notre second bien-aimé frère et ses descendants en ligne directe, à perpétuité;

Les mêmes droits incomberaient à notre troisième, quatrième et cinquième frère, ainsi qu'à leurs descendants, pour les cas de mort ou d'extinction de ligne précisés plus haut;

Les enfants du sexe masculin auront toujours la

priorité sur ceux du sexe féminin, dans la même ligne ;

Dans le cas où les branches de nos cinq frères viendraient à s'éteindre, les mêmes droits incomberaient, d'après le même mode, à mes trois sœurs bien-aimées.

Signé : ORLLIE–ANTOINE Ier (1).

Fait en la prison des Anjeles, le 25 janvier 1862.

(1) J'espérais, à mon retour en France, trouver dans les joies de la famille l'oubli des traverses que la trahison m'avait fait essuyer ; mais un double malheur m'y attendait : mon père et un de mes frères n'étaient plus.

CHAPITRE VII

Protestation adressée à tous les chargés d'affaires des puissances. — Défense
auprès du juge de lettres. — Documents législatifs à l'appui.

J'adressai, deux jours après, la supplique suivante
à tous les chargés d'affaires des puissances étrangères
au Chili :

Monsieur le chargé d'affaires,

Les autorités du Chili m'ont fait arrêter et me
retiennent prisonnier aux Anjeles. Elles donnent
comme motif de ma détention le projet que j'aurais
conçu de soulever les Indiens d'Araucanie et de les
déchaîner contre le Chili, pour forcer les populations
qui se trouvent sur la rive gauche du Bio-Bio à
passer sur la rive droite.

Je proteste, devant vous et devant le monde entier, que jamais je n'ai tenu à mes sujets les discours que l'on me prête, ni provoqué aucune prise d'armes contre le Chili (1).

Les misérables qui m'ont livré n'ont eu pour mobile que les 250 piastres (1,250 fr.) promis par l'intendant Saavedra. Voulant déguiser leur trahison, ils ont mis à ma charge les paroles de guerre prononcées par les Indiens, qui m'ont maintes fois répété qu'ils regarderaient les Chiliens comme leurs ennemis, tant que les populations établies sur la rive gauche du Bio-Bio ne se transporteraient pas sur la rive droite, et que, si ce mouvement ne s'opérait pas de bon gré, ils le feraient exécuter de force. A quoi je répondais qu'il fallait prendre patience, et qu'aussitôt nommé roi je réglerais le tout amiablement.

Voilà, monsieur, les seules paroles qui soient sorties de ma bouche à ce propos. Je proteste donc, comme je l'ai fait depuis mon arrestation, contre la

---

(1) Aujourd'hui que je suis libre, je renouvelle la même protestation. C'est là une invention des traîtres que l'on a fait entendre à titre de témoins. J'avais jusqu'alors regardé comme très-redoutables les procès basés sur le témoignage des hommes; je crois maintenant qu'on a tout à craindre de la preuve testimoniale.

violation de ma liberté individuelle, contre la violation de ma personne et des droits y attachés, tant
comme particulier que comme roi d'Aracaunie et de
Patagonie, enfin contre la violation du droit des
gens, attendu que tout peuple naît ou doit naître
libre par droit naturel, et qu'il peut disposer de lui
comme il l'entend.

Or, les Indiens d'Aracaunie et de Patagonie m'ont
librement proclamé leur roi et ont adopté mon
drapeau bleu, blanc et vert. Nous n'avons fait, les
uns et les autres, que ce que nous avions le droit
de faire, les Aracauniens et les Patagons en me
conférant le pouvoir, et moi en l'acceptant.

Le Chili n'a jamais eu aucun droit sur ces deux
pays, ni par conquête, ni par soumission volontaire ;
ses lois y ont toujours été méconnues ; donc je ne
pouvais les violer ni directement ni indirectement.

Le gouvernement chilien reconnaît publiquement
et solennellement l'indépendance de l'Araucanie (1) :
il forme des projets et dresse des plans de conquête.
Songerait-il à la conquérir, si elle était sous sa
main ? — Il parle de frontières entre le Chili et

(1) Voir, dans ma défense, les débats législatifs.

l'Araucanie : ces limites ne signifient-elles pas que là s'arrête le Chili?

Tous les écrits qui concernent l'Araucanie ne font que confesser et consacrer son indépendance. Il n'est pas un seul Chilien que, dans le tête-à-tête, vous n'ameniez à la reconnaître. Mais le gouvernement argue de la constitution : celle-ci donne purement et simplement l'Araucanie au Chili. D'accord, mais cet article de la constitution n'est qu'une lettre morte, puisque l'Araucanie n'y a pas adhéré, et que le Chili ne peut l'y faire adhérer de force.

Ainsi donc les Araucaniens, comme les Patagons, avaient le droit de me nommer leur roi et j'avais le droit d'accepter, pour moi et les miens, le pouvoir qu'ils me conféraient, eux, qu'aucune nation n'avait pu dompter.

Je réitère donc lesdites protestations ; de plus je proteste contre toute usurpation dont l'Araucanie et la Patagonie seraient l'objet.

A ces fins, je me place sous la protection de tous les chargés d'affaires au Chili, et je fais particulièrement appel à l'appui de la France, tant pour la conservation de mes droits que pour la conservation de ma personne et ma mise en liberté.

Je vous prie, monsieur le chargé d'affaires, de
peser ma supplique dans la balance du droit, et d'a-
voir l'obligeance de m'en accuser réception.

Veuillez agréer, Monsieur, l'assurance de ma considération la plus distinguée.

Signé : Orllie-Antoine Iᵉʳ.

Prison des Anjeles, le 27 janvier 1862.

Contre mon attente, je n'obtins de réponse de personne.

Six jours après, j'envoyais au juge de lettres ma
défense conçue en ces termes :

Monsieur le juge de lettres,

Moi, Orllie-Antoine Iᵉʳ, accusé d'avoir attenté à
l'ordre public, je dis à Votre Seigneurie, avec tout
le respect que l'on doit à la justice :

Le ministère public, par les motifs qu'il déduit,
conclut à ce que je sois jugé par un conseil de guerre
ordinaire ; mais Votre Seigneurie, après avoir pesé
mes arguments, ne ratifiera pas ces conclusions, et
ordonnera ma mise en liberté, en déclarant que rien
ne motive une action contre moi.

EN FAIT.

De toutes les puissances européennes, l'Espagne
est celle qui, après la découverte du Nouveau-Monde,
fonda le plus de colonies en Amérique. L'une d'elles
est le Chili. Seulement, il importe de savoir quelle
était la superficie de ce pays avant l'arrivée des Espagnols : s'étendait-il, comme le prétendent les Chiliens, depuis le désert d'Atacama jusqu'au détroit de
Magellan? En d'autres termes, le territoire qui s'étend,
à l'ouest des Cordillères, du désert d'Atacama au
détroit de Magellan, était-il connu des Indiens sous le
nom de Chili?

Suivant les uns, ce nom a été donné, lors de la
découverte, par les Espagnols, qui l'ont tiré du ga-
zouillement d'un oiseau; suivant d'autres, il est venu
des indigènes, qui appelaient la neige *Chili.* Je crois,
moi, que les Espagnols arrivèrent d'abord au milieu
d'une tribu qui portait ce nom, et qu'ils en baptisèrent
tout simplement la contrée qu'ils soumirent dans cette
partie de l'Amérique.

Tous les peuples de l'ancien monde, comme ceux
du nouveau, ont commencé par être divisés en tribus.
Les nations se sont formées par la fusion forcée ou

volontaire de plusieurs peuplades; et les noms ont varié selon les circonstances.

Je prends un exemple : le nom de Chili ne détermine nullement l'étendue du territoire chilien. Ce territoire ne peut comprendre les pays qui refusent de reconnaître les lois de la république.

Avant l'arrivée des Européens, les habitants de l'Amérique vivaient et se gouvernaient à leur guise; ceux qui n'ont pas encore été soumis ne sont-ils pas toujours libres de vivre et de se gouverner de même?

Pedro Valdivia, qui s'empara du Chili au profit de l'Espagne, soumit également les Araucaniens; mais ceux-ci secouèrent ce joug, et depuis ils ont gardé intacte leur liberté.

C'est à partir de ce moment que l'indépendance du Chili fut reconnue par la mère patrie. Mais ce changement de situation n'ajouta rien aux droits dont jouissaient les Espagnols. Et le Chili n'ayant obtenu ni de gré ni de force la soumission des indigènes araucaniens, ceux-ci sont restés en pleine possession d'eux-mêmes.

Le gouvernement chilien a reconnu authentiquement l'indépendance de l'Araucanie. Cela résulte du vote de l'assemblée législative du 20 octobre dernier, relatif à une demande de 50,000 piastres destinées à fortifier la frontière d'Araucanie.

Je puise le document que je vais citer dans le n° 10,248 du journal *le Mercure*, de Valparaiso, portant la date du 21 du même mois :

DISCUSSION DU PROJET DE LOI CONCERNANT LES 50,000 PIASTRES.

M. le secrétaire Puelma expose que, dans une des sessions précédentes, à l'occasion de la dernière campagne d'Arauco, il avait établi que, pour garantir une complète sécurité sur la frontière, il fallait dépenser plusieurs centaines de mille piastres... « Aujourd'hui, dit-il, qu'on demande un chiffre si minime, je suis d'abord tenté de le déclarer insuffisant ; mais je me ravise, plein de confiance en M. le ministre et dans les renseignements que le gouvernement doit avoir reçus et qui l'ont déterminé à croire que cette somme suffirait. Le projet à toute mon approbation. J'applaudis à la louable persévérance avec laquelle M. le ministre poursuit la pacification si heureusement commencée l'an dernier. »

M. le ministre de la guerre dit que la somme demandée n'est pas effectivement en rapport avec l'important objet que se propose le gouvernement. Il faudrait, pour atteindre ce but, une dépense beaucoup plus considérable. « Mais on n'a voulu demander que ce qui était absolument nécessaire pour les premiers travaux, ne pouvant fixer ce que coûterait le tout. *Après les entrevues que les parlementaires auront prochainement avec les chefs des tribus,* le gouvernement sera plus à même de déterminer le *quantum* indispensable. Bientôt quelque chose se fera. On ira de l'avant aussi vite que possible. »

M. Vergara dit, en résumé : « Il y a un peu plus de trois siècles que des hommes civilisés s'occupent de réduire les tribus barbares de l'Araucanie ; mais la valeur et la ténacité des Indiens opposent une barrière invincible. Tous les gouvernements qui se sont succédé au Chili ont échoué contre elle ; ce qui prouve qu'une telle entreprise est extrêmement difficile, pour ne pas dire impossible. Porter de nouveau la guerre en Araucanie, c'est entrer dans une voie très-préjudiciable aux finances, sans espoir d'obtenir bientôt le résultat qu'on désire. Si le gouvernement était dans l'incertitude du succès, je ne voterais pas la somme qu'il demande. Je le prie donc de faire savoir où tendent ses opérations militaires

et quelles mesures défensives ou de protection il entend employer. »

M. le ministre de la guerre répond : « Si
M. le député a écouté la lecture du message du président de la république, concernant le sujet qui nous
occupe, il a dû en inférer que le gouvernement est
très-éloigné d'entreprendre une campagne militaire
qui entraînerait à des dépenses considérables, forçant
d'élever l'effectif des troupes à huit mille hommes au
moins, qu'on aurait à tenir sur le pied de guerre
pendant plusieurs années. Le gouvernement n'a pas
d'autre projet que de prêter aide et assistance aux
malheureuses populations d'au delà du Bio-Bio, lésées
dans leurs personnes et dans leurs propriétés, expul-
sées de leurs foyers et courbées sous le poids de leur
misère. »

M. Vergara reprend : « Après les explications
données par M. le ministre, desquelles il résulte
qu'aucun fait de guerre ne se produira à l'encontre des
Indiens, je ne fais aucune difficulté d'approuver le
projet : toutes mes objections tombent d'elles-mêmes.
Je suis heureux d'apprendre que rien d'agressif ne
sera tenté, car la guerre avec les Indiens araucaniens
serait une guerre sans fin. »

Le projet de loi fut ensuite voté.

Comme on le voit, le gouvernement chilien a reconnu :

1° Qu'il y a des frontières, c'est-à-dire une ligne de séparation entre le Chili et l'Araucanie ;

2° Que jamais il n'a pu soumettre les Indiens araucaniens.

Ne serait-il pas oiseux de relever ce passage du discours du ministre où il est question d'agents diplomatiques chiliens à envoyer aux chefs des tribus indiennes pour résoudre les difficultés pendantes ? Et ce vote des 50,000 piastres demandées pour pourvoir à la sécurité de la frontière a-t-il besoin de commentaire ?

Ce n'est pas tout : le gouvernement m'avait déjà donné amplement raison, par la note suivante intitulée *les Araucaniens*, et insérée le 9 novembre 1861 dans le n° 10,265 du *Mercure* :

« Le ministre de la guerre a adressé aujourd'hui au commandant général d'armes d'Arauco, qui surveille la frontière, don Cornelio Saavedra, une dépêche dans laquelle il lui recommande, à la première entrevue avec les chefs indiens, de leur persuader que le gouvernement n'a que des intentions pacifiques ; que les troupes envoyées sur la frontière n'ont pour objet que de protéger les personnes et les propriétés des Chiliens d'au delà du Bio-Bio, et qu'elles ont ordre de respecter le territoire et les coutumes des indigènes, de ne rien faire enfin qui ressemble à une agression.

« La mission dudit commandant consiste à protéger les nationaux établis sur le territoire araucanien.

« Le désir du Chili est de vivre avec les indigènes en perpétuelle paix et amitié. Ces derniers devraient comprendre que leur intérêt est de resserrer les liens de bon voisinage. — La dépêche finit en recommandant de donner des ordres en conséquence au chef de l'armée de la frontière. »

Le préfet Saavedra dit, dans sa lettre du 8 janvier 1862 (numéro 16 du procès) : «... Cette préfecture sait que l'individu dont il s'agit a provoqué les Indiens à détruire les places de la *frontière*. »

Le ministère public répète la même expression, numéro 30.

Le commandant d'armes de Nacimiento dit également (numéro 17) : « Tous les habitants de la *frontière*... »

Cette *frontière* ne signifie rien, si elle ne signifie pas indépendance de l'Araucanie.

L'indépendance de l'Araucanie est un fait patent. Qui ne se rappelle avoir lu dans les journaux des articles qui parlent de la conquête *prochaine* de l'Araucanie? Dernièrement, le 18 janvier de cette année, je lisais dans *le Mercure* :

« Département de la guerre. La conquête d'Arauco. — Projet présenté au gouvernement..... »

Convaincu que l'Araucanie est en possession de son indépendance, et sachant que tous les moyens employés jusqu'alors pour la civiliser avaient échoué, je conçus le projet de me faire nommer chef des Araucaniens, afin d'avoir assez de pouvoir sur les diverses tribus pour y introduire tous les éléments de la civilisation.

Je m'ouvris à ce sujet à plusieurs caciques des environs de l'Impérial, et, après avoir reçu d'eux le meilleur accueil, je pris le titre de roi, par une ordonnance du 17 novembre 1860, qui établissait les bases du gouvernement constitutionnel héréditaire fondé par moi.

J'avais depuis longtemps communiqué mon dessein au cacique Magnil, qui y avait adhéré avec enthousiasme.

Quelque temps après, le 17 novembre, je rentrai en

8

Araucanie pour me faire reconnaître publiquement roi, ce qui eut lieu les 25, 26, 27 et 30 décembre dernier. N'étions-nous pas libres, les Araucaniens de me conférer le pouvoir, et moi de l'accepter?

Mon élection terminée, je désignai Angol pour ma résidence. C'est de là que je devais faire part de mon avénement au trône à tous les gouvernements étrangers, y compris le Chili, et adresser à ce dernier des propositions de paix.

Mais je comptais sans le piége qui me fut tendu par les autorités chiliennes, de complicité avec mon domestique et mes deux interprètes, ainsi que le constatent la lettre de Rosales (numéro 5), l'exposé du commandant d'armes de Nacimiento (numéro 17), et enfin les dépositions des traîtres qui m'avaient vendu et que l'on a entendus comme témoins. Mon arrestation eut lieu de la façon suivante. Rosales, qui devait me conduire chez le cacique Trintre, me mena au lieu appelé *les Poiriers*. En arrivant à cet endroit, j'aperçus quelques hommes armés. Je ne m'en inquiétai point, pensant que c'étaient des marchands chiliens qui allaient trafiquer dans l'intérieur de l'Araucanie, où l'on ne s'aventure pas sans

armes. Or, pendant que je me mettais à l'ombre
d'un poirier, je vis Rosales parler à ces hommes
armés. J'allai seul me rafraîchir au bord du Malleco.
Tous les yeux étaient fixés sur moi, ce que j'attribuai
à un simple mouvement de curiosité. De retour sous
les arbres, je m'assis, la tête appuyée sur la main
droite, et bientôt je sentis une main s'abattre sur
chacune de mes épaules comme pour m'empêcher
de me relever; au même moment, deux hommes se
saisirent de mes bras, et deux autres me dépouil-
lèrent de mes armes et de mes papiers. Quant au reste
de la bande, il me couchait en joue ou me mena-
çait du sabre. Comme aucun d'eux ne soufflait mot,
les prenant pour des voleurs, je leur demandai s'ils
voulaient m'assassiner.

— Non, me répondit un de ces hommes; ne ré-
sistez pas et vous n'aurez rien à craindre.

— Que signifie donc tout ceci? répliquai-je.

— Nous vous arrêtons, me fut-il répondu, au nom
des autorités de Nacimiento.

— Je suis à vos ordres, dis-je, comprenant que
j'étais victime d'une trahison et que toute résistance
était impossible.

On me fit monter à cheval et nous nous dirigeâmes

en grande hâte vers Nacimiento, la forteresse la plus rapprochée.

Quintana s'est vanté de m'avoir arrêté sans l'aide de personne. C'est là de la forfanterie gratuite. Ils se sont mis cinq hommes pour se saisir de moi, sans compter ceux qui me menaçaient de leur fusil ou de leur sabre; et ils ne m'ont pas attaqué quand j'étais debout, mais quand j'étais assis et la tête baissée. Voilà le courage qu'ont montré le commissaire de police Quintana et ses agents. Et, pour commettre cet attentat, ils avaient employé un luxe de précautions incroyables. D'abord, ils s'étaient dépouillés de leurs insignes de police, puis ils étaient partis de Nacimiento la veille à neuf heures du soir, pour n'arriver aux *Poiriers* qu'à une heure de l'après-midi, mettant seize heures à parcourir une distance que nous avons parcourue en cinq heures; et, dans cette plaine immense, ils étaient en situation de me voir venir d'aussi loin que la vue peut s'étendre. Ils me guettaient donc comme un gibier qui ne pouvait leur échapper, puisque j'étais entouré de traîtres qui avaient promis de me livrer.

Rosales et les interprètes devaient recevoir

250 piastres (1) pour prix de leur trahison ;
des témoins dignes de foi m'ont affirmé que l'intendant Saavedra avait ordonné que cette somme leur
fût versée (2).

Le commandant d'armes de Nacimiento dit, numéro 18 du dossier, qu'il a compté 50 piastres, dont 10
ont été touchées par Rosales : cela donne la mesure de
l'abnégation de cet homme et de ses pareils, qui ont
prétendu n'avoir eu pour mobile que les intérêts du
Chili.

Livré aux autorités chiliennes, je fus jeté en prison
et une instruction fut dirigée contre moi. Le ministère public demande que je sois envoyé devant
la justice militaire. Il se fonde sur les charges suivantes :

---

(1) 1,250 francs.

(2) Ils méritaient en effet toute créance, comme le prouve le décret
suivant, publié dans *le Mercure* du 22 janvier 1862, sous le titre
Gratification :

« A la date du 15 du présent mois, a été décrété ce qui suit : Est
approuvé le décret rendu le 7 courant par la commanderie d'armes
d'Arauco, enjoignant à la lieutenance des ministres de Nacimiento de
mettre à la disposition du gouverneur du département de ce nom la
somme de 250 piastres, pour récompenser le détachement qui s'empara,
sur le territoire araucanien, de l'individu intitulé Antoine Ier, prince de
Tounens ; cette somme devant être prélevée sur la partie 41e du budget du ministère de la guerre.

Signé : PEREZ, président de la République.

M. GARCIA, ministre de la guerre. »

1º *Ma proclamation* (nᵒˢ 2 et 3) aux Araucaniens. Cette proclamation ne pouvait être incriminée, puisque, si elle a été rendue publique, ce n'est pas de mon fait, mais du fait des autorités.

Rosales a donc menti, comme sur tous les autres points, quand il a dit que j'avais lu cette pièce et que je l'avais fait traduire par mon interprète Culinau.

Dans la réunion indiquée par mon domestique, un Chilien du nom de Medina, qui réside en Araucanie, dans le voisinage du cacique Melin, lut une lettre du cacique Guentucol qui fut insérée dans le nº 10,265 du *Mercure* (9 novembre 1861). Rosales, qui est de la plus lourde ignorance, a pu croire que c'était la proclamation dont il s'agit; mais le Chilien Medina témoignerait du fait, s'il était appelé.

2º La lettre de Rosales, de laquelle il résulterait que mon plan était de me transporter, dans le délai de quinze jours, sur les bords du Bio-Bio.

Je n'ai jamais tenu aucun propos dans ce sens : mensonge à ajouter aux autres.

3º Correspondance (nº 8) écrite en français et datée du 15 octobre dernier, dans laquelle on me complimente de mon avénement au trône d'Araucanie.

N'est-ce pas une puérilité qu'un pareil chef d'accusation?

4° *Déposition de Rosales.*

Le témoignage de Rosales doit être rejeté, parce
que cet homme est le principal fauteur de la trahison
dont j'ai été victime; parce qu'il a reçu 10 piastres,
si ce n'est davantage, comme prix de sa perfidie, et
qu'il a intérêt à me charger pour justifier le guet-
apens qui m'a été tendu.

5° *Premier interrogatoire.*

On me reproche d'avoir soutenu qu'en portant la
main sur moi, on m'a lésé non-seulement comme
citoyen libre, mais aussi comme roi d'Araucanie;
j'ai ajouté, ce que l'agent public n'a pas mentionné,
qu'on avait violé le droit des gens.

On me reproche, de plus, d'avoir dit aux Indiens
que, s'ils me nommaient roi, j'en aviserais le gouvernement chilien et lui proposerais des traités de
paix; et d'avoir distribué des drapeaux tricolores aux
caciques Melin et Leviou.

Y a-t-il là matière, je le demande, à m'envoyer

devant un tribunal militaire? Aucun des articles cités n'a ici d'application.

6° *La note de M. le préfet.*

M. le préfet a écrit : « La préfecture que je dirige connaissait les projets de *l'individu dont il s'agit*, et ses efforts pour soulever les Indiens et les amener à détruire les places frontières. »

L'allégation de M. le préfet ne doit pas être prise en considération ; c'est lui qui a fait emprisonner *l'individu dont il s'agit;* il ne peut être juge et témoin. Du reste, cette allégation est de tous points mensongère.

7° *Procès-verbal du commandant d'armes de Naci-miento.*

Il dit que j'excitais les Indiens à la révolte contre le gouvernement et les institutions du Chili; que, sans l'extrême ignorance des Indiens, ce que j'ai tenté n'aurait pas eu d'autre chance de succès que ce qu'ont tenté tant de fous; qu'il s'applaudit de s'être emparé d'un homme aussi supérieur, capable de capter des esprits avec cette chimère, la fondation d'une nouvelle France.

En premier lieu, le commandant d'armes de Nacimiento a provoqué mon emprisonnement, et ne peut, pas plus que le préfet, être juge et témoin. Au surplus, son allégation est de la même valeur. Je n'ai jamais excité les Indiens à se mettre en rébellion contre le gouvernement chilien, que d'ailleurs ils ne reconnaissent pas.

Je ne relèverai pas la comparaison qu'il fait de mes projets avec les coups de tête de gens qu'il qualifie de fous.

Je lui laisse tout le mérite qu'il s'octroie de s'être saisi de moi par trahison.

Mais je ne vois encore rien là qui me vaille d'être traduit devant un conseil de guerre.

8° *Inventaire de mes effets.*

Je défie qu'on trouve dans ces effets l'ombre d'un corps de délit.

9° *Second interrogatoire.*

L'agent public allègue que j'ai rectifié ce que j'avais dit précédemment; qu'après avoir nié le fait de la proclamation, je l'ai reconnue comme mienne.

La vérité est que je n'avais rien nié. Il n'avait

d'abord été nullement question de cette pièce. Lorsque vous me la présentâtes, Monsieur le Juge, j'avouai tout de suite en être l'auteur. Mais elle ne peut servir de charge contre moi, puisque la seule publicité qu'elle ait reçue, c'est l'autorité qui la lui a donnée. Elle a été, au reste, écartée.

10° *Dépositions de Lorenzo Lopez et de Santos Bejar Culinau.*

Ces traîtres, dont je récuse le témoignage, ont déclaré que j'avais engagé les Indiens à tomber sur les soldats qui avaient passé le Bio-Bio ; que je leur avais assuré que le Chili ne possédait pas d'autres forces que celles qui occupaient Nacimiento, les Anjeles, Santa-Barbara et Arauco, et qu'il manquait de troupes et d'argent ; enfin ils ont ajouté que les Indiens m'avaient offert neuf mille hommes pour attaquer Nacimiento, Negrette, Cochento, et repousser les Espagnols de l'autre côté du Bio-Bio.

J'affirme n'avoir pas tenu le langage que l'on me prête. Quant à l'offre de neuf mille hommes que m'ont faite les Indiens, elle ne prouve qu'une chose, c'est que ce sont eux qui m'engageaient à me mettre à leur tête pour détruire les places et les établissements dont il vient d'être parlé. A quoi j'ai répondu par des paroles de paix.

Se fondant sur les prétendues charges ci-dessus mentionnées et sur les articles 4, titre LXXIII ; 2, titre LXXVII ; 12, titre LXXIX ; 141 et 143, titre LXXX de l'ordonnance générale de l'armée, le ministère public a conclu à ce que Votre Seigneurie se déclarât incompétente et renvoyât la cause devant M. le commandant d'armes, pour qu'il prît telle décision qu'il jugera convenable.

Je ferai remarquer à Votre Seigneurie que les articles cités ne s'appliquent en aucune façon aux circonstances à la suite desquelles j'ai été arrêté.

J'ajouterai, ce que j'ai déjà dit à propos du septième chef d'accusation, que M. le commandant d'armes, ayant provoqué mon emprisonnement, ne peut être appelé à me juger.

EN DROIT.

Quelle est la valeur d'une constitution ? Une constitution n'a de valeur qu'à la condition d'être acceptée ou imposée. Or, jamais les Araucaniens n'ont été amenés à reconnaître de gré ou de force celle du

Chili, ainsi qu'il résulte de la discussion de l'assemblée législative chilienne du 20 octobre dernier, et de la note du ministre des affaires étrangères du Chili insérée dans *le Mercure* du 9 octobre précédent. Cette constitution a autant d'effet sur l'Araucanie que, par exemple, sur les plaines de Buenos-Ayres.

La frontière qui n'a pas cessé de subsister entre les deux pays, les agents diplomatiques envoyés de l'un à l'autre, prouvent surabondamment qu'il n'y a pas assimilation.

Donc ma présence en Araucanie ne peut, à aucun titre, être considérée comme une violation des lois invoquées, et, je le répète, nous étions parfaitement libres, les Araucaniens de me conférer le pouvoir, et moi de l'accepter.

En adhérant à la monarchie constitutionnelle sur laquelle je les ai appelés à voter, les Araucaniens ont prouvé leur désir de marcher dans la voie de la civilisation. Au lieu de s'opposer à ce mouvement progressif, le Chili aurait dû y applaudir, puisqu'il se targue d'être une puissance civilisée. Et pourquoi songer à s'étendre, quand la superficie de son territoire, qui comporterait une population de trente millions d'âmes, n'en contient pas plus d'un million et demi ? Pour-

quoi imposer le droit du plus fort au plus faible? S'il
en était ainsi, les grandes puissances d'Europe auraient bientôt envahi et incorporé les petites, telles
que, par exemple, la publique d'Andore et la prin-
cipauté de Monaco.

Je termine, Monsieur le Juge, en protestant contre
la violation du droit dont j'ai été l'objet, tant comme
roi que comme particulier, et en vous avertissant que
j'ai fait appel à la protection de toutes les puissances
étrangères pour obtenir ma mise en liberté, dans
le cas où vous ne me l'accorderiez pas.

La présente défense a été rédigée par moi, le 2 février 1862, dans la prison des Anjeles.

ORLLIE-ANTOINE Ier (1).

(1) Quelques jours après, le *Courrier du Sud*, de Concepcion (Chili),
constatait ainsi l'impression produite par ma défense sur mes juges :
« Nous n'avons pas pu obtenir communication du procès intenté au roi
d'Araucanie ; nous voulions donner un extrait de sa défense, que nous
avions promis de publier dans le *Courrier*, croyant qu'on n'opposerait
pas d'obstacle à ce que nous prissions des notes sur une affaire aussi
importante ; mais on a prétexté que les allégations de Sa Majesté ne pouvaient être publiées, parce qu'elles seraient préjudiciables au pays.
Silence donc... »

CHAPITRE VIII

Déclaration d'incompétence du juge de lettres. — Renvoi au commandant d'armes. — Révocation de cette sentence par la cour de Concepcion. — Demande de translation. — Requête au conseil d'État de la république du Chili tendant à ma mise en liberté. — Conclusion.

Le juge de lettres des Anjeles se déclara incompétent par la sentence suivante :

Anjeles, 4 février 1862.

Vu les pièces de la cause, Orllie-Antoine Ier, né en France, célibataire, âgé de trente-six, résidant au Chili depuis le 22 août 1858, a été mis en jugement en vertu de documents transmis à ce tribunal par la préfecture et mentionnés aux numéros 15 et 16 du dossier du procès, lesquels démontrent que ledit Orllie, s'intitulant roi d'Araucanie, a tenté de soulever les

Indiens et de les exciter à détruire les places frontières.

D'après l'instruction sommaire faite à cet effet, il
est établi que l'accusé, ayant pénétré dans l'intérieur du pays, réunit diverses tribus en assemblées
générales afin de se faire reconnaître et proclamer
roi d'Araucanie : que, pour arriver à ses fins, c'est-
à-dire pour se faire décerner le titre de roi, titre sous
lequel on le désigne dans le procès et qu'il reven-
dique formellement, il commença par gagner les caciques ou chefs des tribus, en accusant le gouvernement du Chili d'usurper sans relâche leurs propriétés
et d'entamer l'intégrité de leur territoire, passionnant
son langage par des exemples pris sur les lieux
mêmes; et qu'il déclara que, pour arrêter ces enva-
hissements successifs, il fallait le nommer roi, car il
se faisait fort d'y mettre bon ordre, en repoussant
tout d'abord les civilisés qui s'étaient installés sur le
territoire araucanien, et en ruinant toutes les places
frontières.

Avec de tels moyens et d'autres subterfuges auxquels
se laissait prendre facilement l'ignorance des Indiens,
leur faisant accroire que le gouvernement manquait
de soldats et d'argent, par la faute de M. Montt qui

avait gaspillé le contenu des caisses , Orllie parvint
à obtenir l'adhésion de trois ou quatre tribus (1),
qui lui offrirent un contingent de forces destiné à
réaliser ses plans. Quand tout se disposait dans ce
sens, ceux qui accompagnaient Orllie, effrayés de
ses visées, essayèrent de persuader aux indigènes
que ledit roi ne voulait que s'approprier leur territoire et faire la guerre au Chili, et, tout en cherchant
à ramener les esprits, donnèrent avis au gouvernement des suggestions d'Orllie. C'est alors qu'on se
décida à se saisir de sa personne et à le mettre à la
disposition des autorités.

Se fondant sur les faits de la cause, agent public
demande que ce tribunal ne connaisse pas de cette
affaire, la déclarant de la compétence du tribunal
militaire, conformément aux articles 4, titre LXXIII;
2, titre LXXVII; 12, titre LXXIX; 141 et 143,
titre LXXX, de l'ordonnance générale de l'armée.

En réponse aux conclusions de l'agent public,
l'accusé fait une revue historique inexacte et impar-

(1) La loyauté du juge n'est pas même à la hauteur de celle des
traîtres qui m'ont vendu; car ceux-ci, dans leurs dépositions, ont
déclaré que c'était tout le pays, et non trois ou quatre tribus seulement, qui m'avait proclamé roi.

9

faite de la situation du Chili avant et après la conquête, en la poursuivant jusqu'à nos jours, à l'effet
de démontrer que l'Araucanie n'a jamais été sous la
main du gouvernement ; qu'elle peut donc, en vertu
de son indépendance, se constituer comme il lui
convient, et que les indigènes, en le nommant leur
roi, n'ont fait autre chose qu'exercer un droit qui
leur appartient absolument.

A l'appui de cette thèse, il cite des discussions
qui ont eu lieu à la chambre des députés, au
sujet de l'autorisation demandée par le pouvoir
exécutif d'employer une somme de cinquante mille
piastres à fortifier les frontières ; et fait observer
que proposer ce projet de loi, c'était reconnaître
implicitement l'indépendance de l'Araucanie. Il
finit en essayant de corroborer sa défense par la
lecture de l'article inséré dans le n° 10,265 du
Mercure (1).

L'accusé prétend que ces discussions ont la valeur
de traités diplomatiques, lesquels on ne peut en-
freindre sans violer le droit des gens. Il ajoute que
le gouvernement n'a jamais pu soumettre les Indiens,

---

(1) Voir plus haut.

puisqu'ils se sont toujours refusés à reconnaître sa constitution et ses lois.

Il s'efforce ensuite de détruire les charges qui pèsent sur lui, à l'endroit de ses intentions agressives, alléguant la partialité des témoins. Il affirme qu'il ne voulait fonder son royaume que sur la paix, et conclut en implorant la protection des puissances étrangères. Il accuse le gouvernement d'avoir, en l'emprisonnant, violé en sa personne le droit des gens, et réclame sa mise en liberté immédiate, aucune action criminelle ne pouvant être dirigée contre lui.

Vu ce qui précède, et considérant :

1º Que, d'après les diverses constitutions qui ont régi le Chili et qui ont été promulguées les 30 octobre 1822, 29 décembre 1823, 8 août 1828 et 25 mai 1833, le territoire chilien s'étend depuis le désert d'Atacama jusqu'au cap Horn, et depuis la cordillère des Andes jusqu'à la mer Pacifique, comprenant l'archipel de Chiloé, toutes les îles adjacentes et celle de Juan Fernandez (1) ;

2º Qu'entre ces limites se trouve compris le terri-

---

(1) Rien de plus facile que de conquérir un pays d'un trait de plume. Mais aussi, rien de plus vain que les prétentions du Chili sur d'immenses territoires où aucun Chilien n'a mis les pieds.

toire araucanien, qui a toujours été subordonné au Chili, dont les droits sont incontestables, et qui a été occupé par une armée chilienne (1);

3° Que la loi est obligatoire pour tous les habitants du territoire de la république, sans excepter les étrangers;

(1) Qu'on me permette de citer un passage du discours prononcé par le ministre de l'intérieur, dans la séance de l'assemblée législative chilienne du 4 septembre 1862, lors de la longue discussion qui eut lieu à propos de la réduction de l'armée, et dans laquelle il a été souvent question de l'Araucanie :

« Pour moi, et l'opinion de la chambre ne peut être autre, il n'y a pas un seul point du territoire araucanien, pas un seul habitant de cette contrée qui puisse refuser obéissance aux lois établies et respect aux autorités constituées. Il faut le dire bien haut, aujourd'hui qu'une opinion contraire est affichée par des étrangers : l'Araucanie est chilienne et n'a pas d'autres lois que celles du Chilli, quelle que soit sa condition actuelle. *Si la civilisation ne peut pénétrer que lentement, que l'autorité pénètre promptement,* par l'entremise des Araucaniens eux-mêmes, qui exerceront le pouvoir qui leur sera délégué sous l'œil et sous la main des fonctionnaires publics chargés de l'administration des provinces. »

Extrait du *Ferro-Carril,* du 5 septembre.

J'appelle l'attention du lecteur sur la phrase que j'ai soulignée. Le ministre n'avoue-t-il pas que l'autorité du Chili n'a pu encore pénétrer en Araucanie? Et cet aveu se produit en septembre 1862, c'est-à-dire, six semaines après ma condamnation. En vérité, je ne comptais pas sur un tel auxiliaire que M. le ministre de l'intérieur. Il ne se contente pas d'attester mon droit : il flétrit, comme elles le méritent, les magistratures civile et militaire du Chili, qui auraient dû dire aux fonctionnaires qui me remettaient entre leurs mains :

« Quand les lois chiliennes seront reconnues par l'Araucanie, nous les y appliquerons. Notre devoir est de ne pas étendre notre juridiction au delà de ce que nous possédons réellement. »

4° Que ceux-ci n'ont aucun droit de désapprouver
ce qu'a décidé la volonté nationale, et de se sous-
traire aux lois qui en émanent et qui ont pour but
l'intérêt de la république; mais qu'ils ont, au contraire, le devoir de s'y soumettre, par le seul fait de
leur résidence sur son territoire;

5° Que tout acte tendant à détruire l'empire de la
loi et à fonder une entité distincte, en opposition
avec la souveraineté nationale et la constitution, est
qualifié de subversif, et que celui qui en est convaincu est déclaré coupable de crime de haute trahison envers l'État;

6° Qu'Orllie-Antoine Ier, en se nommant et pro-
clamant roi d'Araucanie, en provoquant à la rébellion contre le Chili les indigènes de cette contrée,
sujets du gouvernement chilien, a cherché à entamer
l'intégrité nationale et à établir une entité distincte,
condamnée par la constitution;

7° Que, l'instruction devant s'arrêter là, l'état de
la cause ne permettant pas de fournir la preuve de la
partialité des témoins, alléguée par l'accusé, il est
démontré que ledit Orllie a tenté de soulever les
Indiens contre le Chili;

Par tous ces motifs, et conformément aux dispositions de la première loi, titre II, partie vii; titre VII, livre XII du nouveau recueil; loi 1re, titre II, livre I du code et du décret du 9 mars 1852, qui a force de loi, je me déclare incompétent, le délit dont il s'agit étant de ceux qui doivent être déférés aux tribunaux militaires, et je renvoie l'affaire devant M. le commandant d'armes, pour qu'il prenne telle décision qu'il jugera convenable. Qu'on le note et qu'on le fasse savoir. »

Signé : MATUS, juge.

Devant moi,

Signé : MORENO, greffier (1).

Le greffier étant venu me lire cette sentence (2), j'interjetai immédiatement appel. De là les actes ci-après :

« Le 5 des mêmes mois et année, j'ai notifié le présent décret à l'accusé, en présence du geôlier, et il a déclaré aussitôt qu'il en appelait. Ce que je certifie. »

Signé : MORENO, greffier.

---

(1) Au Chili, toutes les affaires sont jugées mystérieusement. Le juge rend sa sentence devant son greffier ou secrétaire; celui-ci, ou un huissier, va ensuite en donner lecture à l'accusé, dans sa prison ou chez lui. — Toutes les républiques espagnoles sont encore régies par des lois qui datent de la conquête, et qui sont appliquées par des magistrats ignares, remplis de préjugés et foncièrement corruptibles.

(2) Le greffier et l'huissier ne laissent jamais de copie des notifications qu'ils font : ils se contentent de les lire tant bien que mal, en présence du geôlier.

« Le même jour, j'ai fait la même notification à l'agent public, qui a signé avec moi. »

Signé : MARTINEZ.

Signé : MORENO, greffier.

Anjeles, le 5 février 1862.

« Je consens à l'appel interjeté ; on en instruira les parties en leur envoyant la citation et ajournement. »

Signé : MATUS, juge.

Devant moi,

Signé : MORENO, greffier.

Cette ordonnance me fut notifiée encore le même jour, et les pièces furent adressées à Concepcion, dont la Cour rendit l'arrêt suivant :

Concepcion, le 19 mars 1862.

« Vu le dossier, et considérant que le délit dont est accusé Orllie-Antoine de Tounens n'est pas compris dans ceux qu'énumère le titre LXXIII de l'ordonnance générale de l'armée, qui fixe l'étendue de la juridiction militaire, on révoque et casse la sentence du 4 février dernier et on déclare que la connaissance de cette cause incombe au juge de lettres comme juge ordinaire de la province. Qu'on le note et qu'on renvoie l'affaire. »

Signé : RIO.

GUNDELACH.

ASTORGA.

Les pièces furent retournées aux Anjeles et on me signifia ledit arrêt en ces termes :

Anjeles, le 29 *mars* 1862.

« J'ai notifié à Orllie-Antoine 1ᵉʳ la sentence rendue par la cour de Concepcion. Ce que je certifie. »

Signé : MORENO, greffier.

Un mois plus tard, j'écrivais au juge de lettres de la province d'Arauco :

Monsieur le Juge,

Le 5 janvier, je fus fait prisonnier par les autorités chiliennes pour cause politique, et un procès me fut intenté par M. Faes, commandant d'armes du département de Nacimiento.

Ce fonctionnaire me fit transférer aux Anjeles

deux jours après, sous la surveillance de quatre hommes. A mon arrivée, je fus conduit devant le préfet Saavedra et lui exposai les motifs pour lesquels j'étais allé en Araucanie et ce que j'y avais fait, protestant contre mon arrestation et contre l'accusation qui pesait sur moi, et promettant, si on me rendait la liberté, de rentrer tout droit dans ma famille.

— Je crois bien que vous ne demanderiez pas mieux que de rentrer chez vous, me dit le préfet avec de grands éclats de voix; mais vous serez jugé comme un criminel, pour servir d'exemple aux autres bandits qui seraient tentés de vous imiter.

Cette scène eut lieu en présence de M. Sotomayor, officier d'artillerie.

Je répondis au préfet que, tout en persistant dans ma protestation, j'étais à sa disposition. Alors il ouvrit la porte, et, appelant son domestique qui se trouvait dans la cour, lui cria d'une voix et avec des gestes de forcené :

— Qu'on mène cet homme en prison !

La passion qu'a montrée à mon égard M. Saavedra ne peut être attribuée qu'à des préoccupations personnelles. Il possède, sur la rive gauche du Bio-Bio,.

de vastes propriétés qui, pendant la révolution de 1859, ont été saccagées, et craignait sans doute que ces désastres ne se renouvelassent.

M. Saavedra n'est pas le seul fonctionnaire qui m'ait traité avec une violence et une grossièreté de langage inqualifiables. Un des juges intérimaires, M. Rafael Anguita a tenu, dans les rues des Anjeles, des propos indignes de son caractère, et qu'il a aggravés par cette sortie :

—Si la chose ne dépendait que de moi, il serait fusillé!

Et c'est encore l'intérêt personnel qui l'inspirait ou plutôt l'exaspérait, car, comme M. Saavedra, il possède des propriétés au delà du Bio-Bio.

Que dire de fonctionnaires s'abandonnant à de tels excès de partialité?

M. le préfet vous ayant transmis, Monsieur le Juge, les pièces de mon procès, vous procédâtes à l'instruction, et, l'instruction terminée, vous les transmîtes à votre tour au ministère public, qui souleva un conflit en prétendant que je devais être jugé, non par la justice ordinaire, mais par la justice militaire. Admis à me défendre, je soutins qu'il ne s'agissait pas de me renvoyer devant telle ou telle juridiction, mais de me mettre immédiatement en liberté, attendu qu'on ne pouvait m'imputer aucun délit. J'arguais du droit que les Araucaniens avaient eu de me confier leurs destinées, et du droit que, de mon côté, j'avais eu d'accepter cette mission. Je me fondais, en outre, sur l'indignité des témoins qui m'ont vendu et livré.

Vous statuâtes, Monsieur, sur l'incident, et vous vous déclarâtes incompétent. Cette sentence me fut signifiée le 5 par le greffier, qui me demanda si je voulais en appeler, et qui, sur ma réponse affirmative, me dit :

— On va envoyer les pièces, cette nuit, par un exprès à Concepcion. Je serai obligé de prendre sur mon sommeil pour copier la sentence sur un registre. Il paraît qu'on veut mener l'affaire rondement.

Pourquoi cette précipitation alors et cette lenteur aujourd'hui ?

Le jour même de la signification de votre sentence, j'écrivis au colonel Pantoja pour le prier de se rendre auprès de moi, lui mandant que je désirais adresser, par son intermédiaire, une proposition aux autorités chiliennes. Quelques instants après, le colonel entrait dans ma prison. Je lui fis part de ma proposition et il m'allégua qu'avant de me répondre, il était indispensable qu'il eût un entretien avec le préfet.

— Je vais le trouver de ce pas, me dit-il, et je reviendrai ensuite vous communiquer le résultat.

Il revint, en effet, dans la journée, et m'annonça que ma proposition n'était point rejetée, mais qu'avant de me rendre une réponse définitive, il avait été résolu qu'on en entretiendrait le général Bulnes. Le colonel devait se transporter le lendemain chez ce dernier, avec le préfet. Il me promit de conserver les pièces de la procédure jusqu'après l'entrevue, et de me raconter ce qui s'y serait passé. Il me demanda, en me quittant, si je ne connaissais pas à Santiago quelque famille influente qui pût exercer une pression sur le conseil d'État.

N'était-ce pas me donner à entendre que j'étais condamné d'avance? On n'activait mon procès que pour en finir au plus vite avec moi.

M. Pantoja ne reparut pas dans ma prison, comme il s'y était engagé, après sa visite au général Bulnes. Il ne tenait pas, sans doute, à m'instruire lui-même du rejet de ma demande. Je lui écrivis vainement pour lui rappeler sa promesse.

Sur ces entrefaites, M. Saavedra obtint un congé

qu'il alla passer à Santiago, et M. Pantoja fut chargé de l'intérim. J'écrivis maintes fois au colonel pour lui réclamer mes manuscrits et portefeuilles, qui ne sont d'aucune utilité pour mon procès. Ne recevant point de réponse, je le suppliai de me remettre au moins une prière imprimée en français et que j'avais l'habitude de dire tous les jours. Le colonel resta sourd à toutes mes demandes.

A peine entré en prison, je subis l'influence de la température des Anjeles ou de l'action délétère de mon cachot. Je fus pris d'une dyssenterie très-forte, accompagnée d'une grosse fièvre. Le mal s'aggrava au point que je restai quarante-cinq jours sans connaissance. Vous devez vous rappeler, Monsieur le Juge, que, dans votre cabinet, je vous avais averti de ce qui m'attendait. Le médecin avait obtenu du juge intérimaire qu'on me transférât à l'hôpital, car mon état de faiblesse ne me permettait pas de m'y transporter moi-même. Tout était préparé à cet effet, lorsque le geôlier vint me dire que le colonel Pantoja ne voulait pas que je quittasse la prison. Force me fut donc d'y demeurer agonisant et privé de tout secours.

On ne se contenta pas de l'abandon dans lequel

je me trouvais. Ordre fut donné de tenir une chan-
delle constamment allumée près de moi et de ne pas
me perdre un instant de vue. M. Elisandro, sous-
lieutenant de grenadiers, qui fut chargé d'organiser
cette surveillance, remplit son rôle à la lettre. J'eus
beau objecter qu'alors que j'étais en bonne santé,
on n'avait pas songé à troubler mon sommeil, et que
le moment était mal choisi pour me tracasser; j'eus
beau me plaindre, à plusieurs reprises, de ne pouvoir
dormir avec cette lumière sous les yeux et le bruit
que faisait la sentinelle en ouvrant la porte pour
veiller sur mes faits et gestes, M. Elisandro me
répondait invariablement :

— Je suis soldat (1).

Ce n'est pas tout. Il fut défendu au médecin de
venir me donner ses soins (2).

Pourquoi ce luxe de cruauté? — Rien de plus
facile à expliquer. On se disait : S'il est jugé par le
tribunal militaire, tout sera pour le mieux : il ne

(1) Les autres officiers qui montaient la garde étaient soldats comme
lui, et cependant ils me laissaient un peu de repos.

(2) Ce médecin était outré de ce procédé : il me dit qu'il ne compre-
nait pas qu'on usât d'une pareille rigueur envers moi, tandis qu'il avait
été autorisé à faire conduire à l'hôpital un individu condamné à mort
comme assassin.

souffrira pas longtemps. S'il échappe à la justice du sabre, il n'échappera pas à une maladie que nous prendrons à tâche d'aggraver. Mais la cour de Concepcion et ma solide constitution déjouèrent ces calculs.

La sentence d'incompétence rendue, les pièces du procès furent renvoyées aux Anjeles. Lorsque le greffier me notifia cet arrêt, je le suppliai d'engager le juge à activer l'affaire. Il m'allégua qu'il n'y avait pas de ministère public, M. Martinez se refusant à continuer ses fonctions.

— Qu'on en nomme un autre à sa place, lui répondis-je ; le cours de la justice ne peut être interrompu par le caprice d'un homme.

J'ai en vain réclamé à ce sujet verbalement et par écrit. A la visite générale du 12 avril courant, M. Pantoja me demanda quelle plainte j'avais à formuler.

— J'ai à me plaindre, lui dis-je, de la lenteur qu'on met à me juger.

Il me promit de faire droit à ma requête, mais il oublia de me tenir parole.

On m'a parlé de difficultés qui s'étaient élevées entre vous, Monsieur, et M. Martinez. Vous vouliez qu'il fît l'office de ministère public, et lui s'obstinait à s'y refuser, furieux sans doute de l'arrêt de la cour de Concepcion.

Si le juge intérimaire avait nommé un agent public, mon procès serait jugé depuis longtemps. Si, de votre côté, Monsieur, depuis votre retour des vacances, vous aviez statué à cet égard, mon sort serait fixé aujourd'hui.

On semble ignorer ici que le devoir d'un magistrat est de ne pas perdre un jour, une heure, une minute, quand il s'agit de prononcer sur la destinée d'un homme sous les verrous, et que celui qui le néglige commet une véritable profanation de la liberté individuelle.

Par tous les motifs ci-dessus énumérés, je suis fondé à n'avoir aucune confiance dans les autorités des Anjeles, qui n'ont été touchées ni de ma situation ni de mes réclamations. En ce qui vous concerne, Monsieur le Juge, je désire, puisque, mon affaire vous ayant été déjà soumise, vous vous êtes déclaré incompétent, que vous n'en connaissiez pas, car ce serait vous déjuger; et je demande à être transféré à Concepcion, pour être jugé par le tribunal de cette ville, qui, sans doute, se montrera dégagé de toute passion.

Je conclus donc à ce que vous donniez des ordres en conséquence, et, de plus, que vous me fassiez remise de mes papiers et portefeuille.

Signé : ORLLIE-ANTOINE Ier.

Fait en la prison des Angeles, ce 26 avril 1862.

Cette requête, présentée par le geôlier, me fut retournée le 29 avril par le greffier, pour les raisons que j'indique dans une lettre que, le 2 mai, j'adressai, à Santiago, au ministre de la justice, et qu'on lira plus loin.

J'en envoyai copie, le 28 avril, au *Mercure* de Valparaiso, au *Ferro-Carril* de Santiago et au *Courrier du Sud* de Concepcion, avec la lettre suivante :

Monsieur le rédacteur,

J'ai l'honneur de vous adresser une demande tendant à obtenir ma translation à Concepcion, pour qu'on y procède à mon jugement. Je vous prie de l'insérer le plus tôt possible dans votre journal, afin que le public connaisse et apprécie la conduite tenue envers moi par les autorités des Anjeles.

Le 5 mai prochain, il y aura quatre mois que je suis en prison, et je ne sais quand je serai jugé, quoique mon affaire soit de nature à être vidée en quelques jours. On ne peut arriver à constituer un ministère public : est-il possible de trouver un semblable précédent dans les annales de la justice? J'ai maintes fois réclamé et toujours en vain. J'ajoute que, depuis trois mois et demi, je suis atteint d'une dyssenterie qui altère profondément ma santé, et que les soins d'un médecin m'ont été impitoyablement refusés.

Je prie tous ceux qu'anime l'amour de l'humanité d'élever la voix en ma faveur et de m'aider à obtenir d'être délivré des juges des Anjeles qui ne veulent pas me juger, et d'être traduit devant le tribunal de Concepcion, de qui j'espère justice.

Recevez, etc.

Je ne sais si les journalistes me prêtèrent leur appui ; rien ne transpira dans mon cachot à ce sujet.

J'envoyai une autre copie de ma requête au ministre de la justice, avec cette lettre à laquelle je faisais tout à l'heure allusion :

« *Les Anjeles*, *ce 2 mai* 1862.

Excellence,

J'ai l'honneur de vous adresser le contenu d'une

pièce que le greffier des Anjeles a refusé de remettre à qui de droit, sous prétexte qu'elle renfermait des offenses contre les autorités, et que, s'il agissait autrement, il serait passible d'une amende.

Mon intention n'a pas été d'offenser lesdites autorités. Je me suis contenté de relater des actes dont je puis fournir la preuve par écrit et par témoins.

Le juge des Anjeles ne veut pas me juger : il subit la pression d'un haut fonctionnaire (1). Du reste, quel délit ai-je commis? Où sont les traces de la rébellion à laquelle j'ai provoqué?

Je compte que Votre Excellence, suffisamment édifiée par les faits que j'ai mentionnés, s'empressera de me faire mettre en liberté. Je m'engage, aussitôt ma sortie de prison, à rentrer dans ma patrie.

Recevez, etc.

J'écrivis par le même courrier au président de la république du Chili :

Excellence,

J'ai l'honneur de vous annoncer que j'envoie à S. Exc. le ministre de la justice une péti-

_____

(1) Le préfet.

tion relative à mon procès. Je vous supplie d'en prendre communication et d'ordonner ma mise en liberté.

Je prie Votre Excellence de recevoir, etc.

Signé : ORLLIE-ANTOINE Ier.

A la même date, je présentais au juge des Anjeles une nouvelle requête conçue en ces termes :

Monsieur le juge de lettres,

Orllie-Antoine Ier dit à Votre Seigneurie, avec le respect qui lui est dû : J'étais à peine depuis quinze jours dans la prison des Anjeles, que je fus pris d'une dyssenterie qui n'a pas encore cessé et qui m'a ôté toute force. Mon mal provient de l'insalubrité du climat, et de la mauvaise qualité de l'eau et des aliments de cette ville. Si je me trouvais à Concepcion, je le sais par expérience, y ayant habité, je n'aurais pas à craindre de souffrir rien de pareil, et les amis que j'y ai laissés me donneraient les secours qu'on me refuse ici.

En conséquence, je prie Votre Seigneurie d'ordonner ma translation à Concepcion, où j'ai l'espoir non-seulement de me rétablir, mais encore d'être jugé.

Soit déposée la présente requête entre les mains de M. le juge de lettres d'Arauco, par le geôlier de la prison.

Signé : ORLLIE-ANTOINE Ier.

A quoi le juge répondit par l'ordonnance suivante :

Anjeles, 3 mai 1862.

Il n'y a pas lieu. Qu'on retourne la supplique.

Signé : MATUS, juge.
Devant moi,
Signé : MORENO, greffier.

Lorsque le greffier vint pour la signification :

— Le juge, me dit-il, désire que vous alliez dans son cabinet.

— Quand ? demandai-je.

— A l'instant même.

Je me mis en devoir de sortir avec lui, et, arrivé devant la porte du corps de garde, je me trouvai en face de M. Matus, qui entrait dans la cour pour assister à la visite hebdomadaire des prisonniers. Ce magistrat me cria d'un ton menaçant :

— Après la visite !

Je rentrai sans proférer une seule parole, me doutant bien que cette grosse colère n'avait d'autre cause que mes deux requêtes. Je me promis bien de ne pas me départir de mon sang-froid et de donner au juge une leçon de dignité.

La visite terminée, je me rendis à son cabinet, accompagné, comme d'habitude, d'un soldat.

— Vous avez, me dit-il du même ton, fait circuler un écrit rempli d'injures contre les autorités des Anjeles.

— Je n'ai rien fait circuler, répondis-je.

— J'en suis sûr, continua-t-il, avec une exaspération croissante : tous les officiers ne parlent que de cela.

Je lui objectai que je n'étais pour rien dans la publicité donnée à cette pièce, que le greffier m'avait rendue en présence de plusieurs personnes, en me faisant part de ses scrupules et de ses craintes. J'ajoutai qu'on ne pouvait me reprocher que d'avoir rapporté des faits d'une exactitude incontestable.

— Retirez-vous ! s'écria M. Matus, tout à fait hors de lui.

Je mettais le pied dans l'antichambre, lorsqu'il me rappela :

— Je vous conseille de mieux serrer cet écrit, me

dit-il, car, s'il se tournait contre quelqu'un, ce serait contre vous !

— J'affirme de nouveau, répondis-je, qu'il n'est pas sorti de mes mains.

Il ne voulut rien entendre et me réitéra l'ordre de me retirer, ce que je fis en lui lançant un regard empreint du plus profond mépris.

Cette scène ne me préoccupa nullement. La conscience de mon droit me donnait une force d'âme qui jurait avec mon abattement physique. Pourtant je réfléchis que, me trouvant entre les griffes du tigre, dépourvu de tout secours, il valait mieux essayer de l'apaiser que l'irriter davantage. J'avais préparé une troisième requête, que je devais envoyer au ministre de la justice, je la tins en réserve. Mais une réaction s'opéra bientôt en moi : je me dis que je ne pouvais attendre placidement les coups qu'on s'apprêtait à me porter, et je résolus de les prévenir en m'adressant au conseil d'État, par une voie détournée. — Voici la requête que je lui envoyai :

« Au conseil d'État de la république du Chili.

Je, soussigné, ai l'honneur de dire ce qui suit ;

En 1860, je pénétrai en Araucanie dans le but de

consulter les caciques sur mon projet d'établir dans ce pays une monarchie constitutionnelle, afin de réunir toutes les tribus sous la direction d'un seul chef.

Les divers caciques auxquels j'en fis part m'accueillirent avec enthousiasme. Je pris alors le titre de roi d'Araucanie, décrétai une constitution et rendis plusieurs ordonnances, qui furent publiées dans différents journaux, entre autres *le Mercure*, du 29 décembre 1860. Cela fait, j'annonçai au gouvernement chilien la fondation du nouveau royaume.

Des circonstances qu'il serait inutile de spécifier me firent suspendre l'accomplissement de mon œuvre jusqu'au 22 décembre 1861, date à laquelle je rentrai en Araucanie, où, comme dans le principe, je trouvai les caciques et les tribus parfaitement disposés. Je fus reconnu et acclamé roi, successivement les 25, 26, 27 et 30 décembre, et dans la forme employée pour l'élection des caciques.

Ces formalités remplies, mes interprètes exigèrent que, sur l'heure, je rétribuasse leurs services. Je leur répondis qu'en ce moment je n'avais pas en ma possession de quoi les satisfaire. Ils ne répliquèrent rien, mais ils s'abouchèrent avec Rosales et conçurent le dessein, pour battre monnaie, de me vendre au Chili. Ils envoyèrent, en conséquence, un exprès aux autorités pour débattre le prix de leur trahison, qui fut fixé à 250 piastres. Ces misérables, appelés comme témoins, ont formulé contre moi les accusations les plus mensongères, dans le but de couvrir d'un prétexte honnête l'infamie du rôle qu'ils avaient joué.

J'avais l'intention de faire part à toutes les puissances de mon avénement au trône, et j'avais choisi Angol comme siége de mon gouvernement. En attendant que je m'y installasse, j'enjoignis à mon domestique de me conduire chez le cacique Trintre ; mais Rosales me mena tout droit dans le lieu où il devait me livrer.

Appréhendé au corps et jeté en prison comme un criminel, on commença mon procès sans plus tarder : j'étais qualifié de perturbateur de l'ordre public. Je soutins, dans ma défense, que, l'Araucanie n'appartenant pas au Chili, je n'étais en aucune façon justiciable des tribunaux chiliens. Prouver que les Araucaniens sont une nation indépendante, c'était prouver qu'il n'y avait pas de corps de délit, et c'est ce que je fis, sans qu'on pût entamer un seul de mes arguments. On n'avait à m'opposer que la constitution du Chili, qui place l'Araucanie sous le joug de cette république. Raison victorieuse, qu'il me fut aisé de réduire à néant. Mais cette question ne peut être effectivement et définitivement résolue que par un congrès.

Je termine en invoquant l'article 104, § 4 de la constitution chilienne du 25 mai 1833, qui est ainsi conçu : « Le conseil d'État connaîtra de toutes les matières de patronage et de protection qui seraient sujettes à contestation, après avoir entendu l'avis du tribunal suprême, qui fixe le sens de la loi. »

J'ai donc l'honneur de me pourvoir devant le conseil d'État, quoiqu'il soit aussi juge et partie; et je conclus à ce qu'il déclare qu'il n'appartient à aucun tribunal chilien de me juger, et à ce qu'il ordonne ma mise en liberté immédiate.

Signé : ORLLIE-ANTOINE Ier. .

Fait en la prison des Angeles, le 5 mai 1892.

J'interromps ici l'énumération des pièces de mon procès, pour la reprendre et la compléter bientôt.

Comme je l'ai dit en commençant, je n'ai entrepris la présente publication que dans le but d'édifier mes concitoyens sur l'établissement fondé par moi aux confins de l'Amérique du sud, et dont la France pourrait retirer des avantages incalculables.

J'avais hâte aussi de trouver l'occasion de protester hautement contre les indignes procédés du Chili à mon égard, et d'affirmer non moins hautement l'imprescriptibilité de mes droits à la couronne d'Araucanie et de Patagonie, consacrés par le libre suffrage de ces deux pays. Qu'importe la prison que j'ai subie! — Si je ne craignais que l'on ne se méprît sur la portée de mes paroles et que la grandeur des noms ne compromît la justesse de la comparaison, je dirais en terminant : Louis XI après Péronne, et François Ier après Pavie, étaient-ils moins rois de France qu'avant?

FIN

APPENDICE

APPENDICE

On me communique à la dernière heure plusieurs publications qui ont eu le courage de me rendre justice, et qui ont dénoncé avec indignation l'inqualifiable conduite du gouvernement chilien à mon égard. Je crois de mon devoir non-seulement d'en remercier les auteurs, mais encore de les citer.

A

REVUE DU MONDE COLONIAL (10 avril 1861).

« Un Français vient de se proclamer roi d'Araucanie. Il a nommé ses ministres et donné à son peuple, composé de tribus sauvages, une constitution qui en vaut bien une autre...

(Suit un résumé de ma constitution).

« Le fait de la proclamation de sa royauté par S. M. Orllie-Antoine 1er n'est donc qu'une consécration des plus légitimes de l'autorité absolue qu'il avait su conquérir, par son courage sans doute et par une administration sage et éclairée, sur les peuples aujourd'hui soumis à sa domination.

« Nos renseignements ne sont pas assez complets pour que nous puissions apprécier le nouvel ordre de choses établi;

toutefois, nous ne pouvons que souhaiter, avec la bienvenue, toutes les vertus de Salomon, sans ses faiblesses, au nouveau roi qui a su, dans un pays à demi sauvage, faire accepter les principes admirables et féconds des institutions françaises. »

———

Le 23 septembre 1861, *le Temps* publiait la lettre suivante, émanée d'un fonctionnaire public qui prit ma cause en main avec une ardeur dont j'ai été profondément touché, et qu'une mort précoce a enlevé à ses nombreux amis, sans pouvoir l'enlever à ma reconnaissance :

« *Constantine, le 17 septembre.*

« Monsieur le rédacteur,

« Vous avez reproduit, dans votre numéro du 7 septembre, une lettre adressée au *Périgord*, journal de la Dordogne, par S. M. Orllie-Antoine Iᵉʳ, roi de l'Araucanie, et vous avez fait suivre cette reproduction de la réflexion suivante, tirée du *Phare de la Loire :*

« On voit, par la publicité donnée à cet appel, que nous ré-
« pondons aux prévisions de S. M. araucanienne; en sa qualité
« d'ancien officier ministériel, Orllie-Antoine Iᵉʳ doit, d'ailleurs,
« inspirer toute confiance, quand ce ne serait qu'à ses anciens
« clients. »

« Qu'il me soit permis de vous faire remarquer, monsieur le rédacteur, que l'appel par un Français à son pays méritait un autre accueil que cette plaisanterie, plus nuisible à la cause qu'une hostilité avouée. Pour être un souverain de fraîche date, Orllie-Antoine Iᵉʳ n'est pas moins roi que certains princes de l'Europe, dont la puissance ne tient qu'à la protection de l'étranger. La sienne, au contraire, s'appuie sur le vœu de la nation qui l'a mis à sa tête.

« J'ai l'honneur d'être en correspondance avec Orllie-Antoine ou M. de Tounens, comme il vous plaira de l'appeler, et je puis en parler avec certitude.

« A l'heure où toutes les nations indigènes de l'Amérique tombaient sous les coups des Cortez, des Pizarre, des Valdivia, une seule, la moins importante par l'étendue de son territoire, la plus grande par son énergie et son amour de la liberté, osa résister et vainquit tant de fois les conquérants espagnols, qu'elle obtint non-seulement que l'on respecterait son indépendance, mais encore que, dans leurs relations avec les vice-rois, ses représentants seraient traités comme des égaux. Cette petite nation, oubliée sur beaucoup de cartes, était la nation araucanienne, rivale des Mexicains par la civilisation.

« Aujourd'hui encore, les Chiliens, descendants des Espagnols, se croiraient gravement insultés si on les appelait Castillans; ils se disent fils d'Arauco comme les Canariens se disent descendants des Guanches.

« Les Araucaniens prennent le titre d'*Aucas*, qui signifie *peuple libre*, et *la Marseillaise* des républicains du Chili est un hymne araucanien.

« Enfin, l'Espagne ne possède qu'un poëme épique, *los Indios bravos*, et ils en sont les héros.

« Ce peuple, monsieur le rédacteur, ne vous semble-t-il pas digne d'intérêt, et croyez-vous que l'homme qui, après avoir vécu plusieurs années dans ses rangs, a su mériter d'en être le chef, soit un homme ordinaire?

« Cet homme est Français, nous devons en être fiers!

« Quant aux vues de M. de Tounens, il les dit lui-même, trop brièvement peut-être, dans sa lettre au *Périgord*; mais il me

11

les a fait connaître avec plus de détails. Elles sont grandes, généreuses, patriotiques. Il pouvait se contenter de gouverner les Araucaniens, et les ressources du pays lui auraient suffi; mais il n'a pas voulu s'en tenir là. Il s'est dit que cette terre de liberté, assez vaste et assez riche pour nourrir 20 ou 30 millions d'habitants et qui n'en a pas le dixième, pouvait devenir une autre patrie pour tous les Français qui, chez nous comme à l'étranger, se débattent sous les étreintes de la misère; et comme, avant d'appeler à lui tous ces Français, il veut assurer leur sécurité, leur bien-être, il a songé à une souscription au moyen de laquelle il espère avoir, *de suite*, une marine militaire suffisante pour protéger ses côtes et son commerce. Vous le savez, monsieur, une flotte, ne fût-elle composée que d'une frégate, une corvette et quelques avisos, coûte cher, et à moins d'accabler son peuple d'impôts, ce qui n'entre pas dans ses intentions, il ne pourra se la procurer à bref délai sans le secours de ses compatriotes.

« L'appel fait à la France dans un tel but méritait, je le répète, d'être accueilli autrement que par une plaisanterie, et c'est avec raison, selon moi, que M. de Tounens appelle sa souscription une *souscription nationale*.

« Je n'insistera pas sur l'intérêt que peut avoir la France à l'existence, au sud de l'Amérique, d'une nation amie, ayant avec elle une origine commune; cela tombe sous le sens.

« Vous avez reproduit la réflexion railleuse du *Phare de la Loire*; puis-je espérer, monsieur le rédacteur, que vous insérerez la présente, et que, mieux éclairé sur le compte de l'Araucanie et de son souverain, vous donnerez à l'œuvre qu'il a entreprise l'appui de votre sympathie?

« C'est dans cet espoir que je vous prie d'agréer, monsieur, l'assurance de ma haute considération.

« H.-M. DE MORESTEL. »

« Une lettre de Valparaiso, dit encore la *Revue du Monde colonial* du 10 avril 1862, confirme la nouvelle que le roi d'Araucanie a été enlevé sur son propre territoire par un détachement de Chiliens. Notre compatriote, Orllie Ier, aurait montré dans cette circonstance une grande fermeté d'âme : il aurait protesté avec énergie et noblesse contre une aussi étrange violation du droit des gens. Cette lettre ajoute que le Chili ne déguise pas le dessein de conquérir l'Araucanie, pour mettre la main sur les mines d'or qu'on vient d'y découvrir.

« Nous avons reçu nous-même du roi d'Araucanie une copie de la protestation qu'il a adressée à tous les consuls généraux des puissances étrangères au Chili, en résidence à Santiago. Nous regrettons que le caractère de cette Revue nous empêche de reproduire ce document intéressant à plus d'un titre. »

———

Je suis heureux de reproduire ici ce que disait, il y a dix-huit mois, un journal qui a conquis en peu de temps, parmi ses devanciers, une place aussi honorable que distinguée :

« Un événement, qui peut-être provoquera l'intervention du gouvernement français, vient de se passer dans l'Amérique du sud, dans les provinces araucaniennes, limitrophes du Chili.

« Un de nos compatriotes, originaire de Périgueux, si nous avons bonne mémoire, avait été conduit dans ces lointains parages par la fortune, qui se plaît à semer d'incidents étranges la vie des hommes doués d'une puissante initiative et d'un esprit aventureux.

« Ce Français, M. de Tounens, s'était établi au milieu des

tribus Cunchis, Huilliches, qui peuplent l'Araucanie, au sud
du Bio-Bio, entre les Andes et la mer. La supériorité de M. de
Tounens lui avait fait acquérir une grande influence sur ces
populations à moitié barbares, auxquelles il avait rendu de
grands services.

« Les indigènes de plusieurs tribus l'avaient proclamé roi, il
y a près de deux ans; il avait pris le nom d'Orllie-Antoine Ier,
et s'était imposé la mission d'organiser le pays et de le faire
entrer dans les voies de la civilisation.

« Ses projets et sa puissance naissante portèrent ombrage au
gouvernement chilien, qui rêvait l'envahissement de l'Araucanie. Mais le roi Orllie est un homme énergique; il se prépa-
rait à la résistance, parcourait la contrée pour déterminer les
chefs indigènes à repousser vigoureusement les attaques des
Chiliens, venait de s'entendre avec le cacique Guentucol, qui,
à lui seul, peut mettre sur pied 40,000 Indiens, et, continuant
sa tournée, était arrivé le 4 janvier dans la plaine de los Perales.
Il se reposait sous un arbre avec sa suite, lorsque tout à coup
une escouade de cavaliers chiliens, envoyés par le gouverneur
de Nacimiento, se jeta sur lui à l'improviste, le fit monter de
vive force sur un cheval et le conduisit à Nacimiento, où il
fut jeté dans une prison. Un de ses serviteurs, gagné par les
Chiliens, leur avait fait connaître son itinéraire et les avait fait
avertir au moment propice.

« On comprendrait cet acte de violence, si les tribus gouver-
nées par le roi Orllie appartenaient au Chili. Mais les Araucaniens avaient repoussé avec courage toutes les tentatives de
conquête, et avaient conclu, en 1773, avec le Chili, un traité
de paix qui leur assurait le droit d'avoir un ministre résidant
à Santiago.

« L'arrestation du roi Orllie-Antoine Ier sur son propre territoire constitue donc une violation odieuse du droit des gens.

« Ajoutons qu'on a trouvé, parmi les papiers d'Orllie-Antoine Ier, des projets de code et des plans d'organisation administrative qui confirment tout ce qu'on avait dit de ses tendances civilisatrices.

« ALEX. BONNEAU. »

(Opinion nationale du 15 *mars* 1862.)

ANNUAIRE ENCYCLOPÉDIQUE (1862, p. 102, 103).

« Un Français, que les hasards d'une destinée aventureuse avaient poussé sur les rivages américains, se fixa dans l'Araucanie, après avoir habité le Chili pendant plusieurs années, gagna la sympathie et l'amitié de plusieurs tribus, leur rendit des services et obtint parmi les Indiens une influence telle, que, le 17 novembre 1860, il fut proclamé roi d'Araucanie, sous le nom d'Orllie-Antoine Ier. Le nouveau roi a entrepris une tâche difficile : celle de civiliser ses sujets. Il établit une forme de gouvernement plus régulière, entreprit de concilier sur le terrain vierge de l'Araucanie le principe de l'autorité avec celui de la liberté, et s'environna d'un appareil pompeux pour le pays, afin d'inspirer plus de respect. Il s'adjoignit des ministres, dont deux au moins étaient français, M. D. Lachaise, à l'intérieur, et M. F. Desfontaine, à la justice ; adopta les lois françaises, qu'il se proposait de modifier d'après les besoins du pays, et déclara son intention de diviser l'Araucanie en départements, cantons et communes, qui devaient être administrés comme ceux de la France.

« Le gouvernement chilien voyait avec un profond mécontentement le nouvel ordre de choses créé par M. de Tounens.

Il méditait, assure-t-on, la conquête de l'Araucanie ; mais le
roi Orllie-Antoine n'était pas homme à se laisser renverser
sans opposer une énergique résistance. Il fit de grands prépa-
ratifs de défense, et entreprit une tournée parmi les tribus,
pour exciter le patriotisme des chefs et des populations. Il voulait, paraît-il, profiter de cette prise d'armes générale pour
rendre à l'Araucanie la limite du Bio-Bio. Il venait, en dernier
lieu, de s'entendre avec le cacique Guentucol, qui devait mettre
sur pied plusieurs milliers de guerriers (40,000, dit, mais non
sans une grande exagération, une correspondance de Valparaiso), et, continuant sa route, il se reposait avec sa suite sous
un arbre, lorsqu'il fut tout à coup entouré et désarmé sur son
propre territoire par un corps de soldats chiliens qui le condui-
sirent à Nacimiento, où il fut mis en prison en attendant le
procès qu'on veut lui intenter. Un de ses serviteurs, gagné par
les agents chiliens, l'avait trahi et avait fait connaître au gouvernement de Nacimiento l'itinéraire qu'il devait suivre.

« Cet événement, qui constitue, d'après les détails qui nous
sont parvenus, une violation flagrante du droit des gens,
eut lieu le 4 janvier 1862. On a trouvé, parmi les papiers
d'Orllie-Antoine Ier, des projets de code et de plans adminis-
tratifs. »

ANNUAIRE DES DEUX MONDES (1861, 1862, p. 749, 750).

« ..... La République chilienne a, dans le sud, toute une
contrée qu'elle considère comme lui appartenant, mais qu'elle
ne possède pas réellement : c'est l'Araucanie, restée terre in-
dienne, avec ses mœurs, ses coutumes, son organisation et ses

caciques, telle qu'elle était lorsque l'Espagnol Ercilla en faisait l'objet de son poëme.

« Jusqu'ici, l'Araucanie est demeurée à peu près indépendante, se défendant dans sa vie sauvage et derrière ses frontières.

« Les gouvernements successifs du Chili ont essayé plus d'une fois de la soumettre, soit par la guerre, soit en amenant les Indiens à composition par des traités. Ces traités ont toujours eu une médiocre valeur, et la guerre n'a été qu'un pretexte de dévastations inutiles.

« Au commencement de la présidence de M. Perez, on a cherché encore à entrer en pourparlers avec les Araucaniens ; le gouvernement de Nacimiento a été chargé d'envoyer des émissaires aux Indiens pour convoquer leurs chefs à un parlement ou conférence ; il y a eu même une entrevue, mais les Indiens ont refusé de se rendre à ce parlement, et à la suite, le principal cacique, Guentucol, écrivait au président Perez une lettre assez fière, qui ne ressemblait nullement à un acte de soumission.

« Les choses en étaient là, lorsqu'on apprenait tout à coup un événement fort étrange.

« Un Français, M. de Tounens, qu'on dit originaire du Périgord, et qui aurait été avoué dans sa province, se trouvait en pleine Araucanie. Il avait réussi à gagner les Indiens et leur avait persuadé qu'il les défendrait contre les invasions du Chili, qu'il ferait respecter leur indépendance ; bref, il s'était fait roi sous le nom d'Orllie-Antoine Ier, en donnant une constitution à l'Araucanie. On s'en moqua beaucoup d'abord au Chili ; mais le fait n'existait pas moins, et même il émut assez le gouvernement pour qu'on songeât à arrêter le mouvement.

« Les autorités chiliennes de la frontière organisèrent donc, non pas une campagne, mais, il faut bien l'avouer, un vrai guet-apens.

« Un jour, au commencement de 1862, pendant que le roi Orllie-Antoine Ier était à peu de distance de la frontière, les Chiliens pénétrèrent dans l'Araucanie en se dissimulant, et arrivèrent jusqu'à l'endroit indiqué, où ils surprirent le roi ; un lieutenant de police le saisit, le mit sur un cheval et se sauva avec lui à toute bride pour échapper aux Indiens, dont il craignait la résistance.

« Depuis, le roi Orllie a été tenu en prison, et le gouvernement chilien lui a fait son procès.

« La question de l'Araucanie, au surplus, ne laisse pas d'avoir quelque importance pour le Chili, dont la frontière du sud n'est en sûreté qu'à la condition de respecter l'indépendance de cette contrée, restée jusqu'ici en dehors de toute civilisation. »

Un conteur charmant, un homme d'autant de cœur que d'esprit, qui porte dans l'Indépendance belge le pseudonyme de PHARÈS, — à la date du 13 juin 1863, après avoir détaillé les événements de la semaine en nouvelliste bien appris, après avoir parlé en dernier lieu du dompteur Crockett, me consacrait les lignes suivantes :

« Encore un dompteur ; mais à celui-là nous devons tous, chroniqueurs petits et grands, une réparation et une amende honorable. Il me souvient que je me suis exprimé, à l'occasion, en termes excessivement irrespectueux sur la personne de S. M. Orllie-Antoine Ier, roi d'Araucanie et de Patagonie : il me semblait si bizarre qu'un avoué de Périgueux allât faire souche de souverains constitutionnels dans ce pays lointain, que je me moquais, avec le gros du public, d'une pareille aventure.

« Aujourd'hui, je ne ris plus de ce qui est respectable et courageux. Le hasard m'a fait rencontrer à Paris M. de Tounens, le souverain dépossédé ; j'ai tenu entre les mains un manuscrit de lui très-curieux, très-alléchant, ses mémoires, et j'affirme que ce roi d'Araucanie avait du bon ; qu'on ne saurait lui reprocher que d'être tombé dans un piége tendu par les Chiliens, et que, s'il n'avait pas été victime d'un attentat incroyable, il eût aidé à la colonisation, à la conquête pacifique des magnifiques contrées dont il a été l'empereur, seul, sans soldats, sans argent, sans secours d'aucune sorte.

« M. de Tounens est grand, bien fait. Il a dans sa personne, dans sa figure, ces grâces avenantes et, au besoin, cette dignité souveraine qui charment et soumettent tour à tour les âmes simples. Il a entrepris une expédition, une œuvre qui est toute une épopée, et qui mériterait d'être chantée à plus juste titre que les combats de Francus contre Ilion, soit dit sans offenser M. Viennet.

« C'est, en effet, un roi d'un nouveau genre que celui qui logeait pour ainsi dire à la belle étoile, et qui n'avait d'autre ambition que le bien de ses sujets, non pas le bien à acquérir, mais le bien à conserver ! Songez donc aussi à la quantité d'audace nécessaire pour que cet homme, ignorant la langue du pays, se glissât au milieu de tribus belliqueuses, d'un caractère soupçonneux, d'une main prompte à frapper, et combien d'habileté ne fallait-il pas pour faire comprendre à ces peuples primitifs que leur intérêt était de se grouper, de se constituer en corps et d'opposer la digue d'un nouveau royaume aux empiètements du Chili.

« N'est-il pas regrettable que le gouvernement français ne soit pas venu en aide à un patriote, au moment où ce dernier succombait, non pas devant la manifestation des peuples qui l'avaient nommé et qui prétendaient le garder, mais devant les embûches de Chili?

« Il suffisait d'agiter notre drapeau à l'horizon, un résultat important était acquis, sans coup férir. L'influence française, si lente à s'établir, paraît-il, au Mexique, était solide là-bas, grâce à M. de Tounens.

« Ce n'est donc pas seulement un ambitieux, un voyageur vulgaire, ayant perdu son trône à la belle étoile; c'est la France qui a vu s'éloigner l'occasion d'ajouter à ses colonies et à ses beaux hommes; car il paraît que la Patagonie en fournit quelques-uns. Or vous saurez que M. de Tounens a autant de droits sur la Patagonie que sur l'Araucanie.

« Quoi qu'il en soit, les mémoires sont intéressants, sincères, appelés à un grand succès de curiosité, de politique, de physiologie. Voilà un dompteur qui fait bien de raconter ses exploits, et qui a couru plus de dangers que Crockett et qu'Hermann! »

B

J'ai à cœur de prouver que je n'avais pas d'autre ambition que de servir les intérêts de mon pays et ceux de l'humanité. — Voici ce que j'écrivais à un journaliste, le 3 juin 1861 :

« ..... La France a perdu ses plus riches possessions d'outre-mer. J'espère pouvoir bientôt lui en offrir une admirablement bien située au sud de l'Amérique, entre les deux océans Atlantique et Pacifique, présentant toutes les conditions d'une prospérité sans égale. ..... L'Angleterre peut être détruite de fond en comble, et cependant elle ne cesserait pas d'exister. La race anglaise n'est-elle pas partout, aux États-Unis, au cap de Bonne-Espérance, aux Indes, en Australie ? Il en est de même de l'Espagne : anéantie en Europe, elle surnagerait dans de nombreuses républiques. Et le Portugal ? S'il sombrait, le Brésil n'est-il pas là pour le continuer, par sa langue et ses mœurs ? Quant à ma chère patrie, si (ce qu'à Dieu ne plaise !) elle s'abîmait dans un effroyable cataclysme, la catastrophe serait entière. On a accusé la France d'ignorer les premiers principes de la colonisation ; eh bien, je relève le gant en son nom, et j'entreprends de démontrer le contraire..... Que ceux d'entre mes compatriotes qu'un voyage lointain n'effraye pas, et sous les pieds desquels manque le sol de la mère patrie, viennent m'aider, non pas à conquérir, mais à constituer une nouvelle France. Je ne leur demande que de l'activité et de l'honnêteté, de l'honnêteté avant tout, car, lorsqu'on prétend civiliser, il faut prêcher d'exemple..... — Maintenant, si j'ai fondé une monarchie, c'est pour épargner à l'Araucanie et à la Patagonie les agitations dont la Californie est un foyer permanent. Du reste, c'était le vœu des indigènes. »

J'écrivais encore, le 8 juillet suivant, à un de mes amis :

« ..... Je viens d'être proclamé roi d'Araucanie et de Patagonie. Je m'en réjouis plutôt pour mon pays que pour moi, car mon royaume portera le nom de Nouvelle-France, et j'y veux appeler tous les Français gênés par le trop plein de l'ancien monde, et qui consentiront à collaborer à l'œuvre de civilisation que j'ai entreprise. La seconde patrie que nous créerons d'un commun accord les récompensera largement de leurs peines.

« ..... Les États voisins y trouveront aussi leur compte ; car mes projets ne tendent à rien moins qu'à apaiser les populations belliqueuses de l'Araucanie et de la Patagonie qu'ils n'ont pu soumettre..... »

TABLE

CHAPITRE PREMIER

CHAPITRE V

CHAPITRE VI

CHAPITRE VII

CHAPITRE VIII

PARIS. — Impr. de PAUL DUPONT, rue de Grenelle-Saint-Honoré, 45.

www.ingramcontent.com/pod-product-compliance
Lightning Source LLC
Chambersburg PA
CBHW072037080426
42733CB00010B/1927